心理學者的操控或掌握人心，並非「惡魔遊戲」！
為了瞭解對方，我們就必須不斷懂得如何與人相處！

心理專家觀人術

麥凡勒 著

心理學家所指的操縱或掌控，

指的都是對方與我們的同一性，

而不是脅迫性質「玩弄別人與股掌之間」的惡魔遊戲。

為了要了解他人，

我們就必須不斷的充實自我與完善自我……

前言

「人際關係」是現代人必修的一門功課，然而在芸芸眾生中，如何去好好經營它，卻是一門大大的學問！

首先必須接近那個人，才會認識對方，再來是要如何吸引對方，說明你所具有的人格魅力，接下來就必須逐步的誘導對方，將對方拉向自己的步調之中，那麼你就已經掌握到了主導權，接著發揮你的說服力，贏得他人的信賴與認同，如此你也就會贏得了對方的友誼！

「操縱人心」這個字眼，看起來有些邪裡邪氣的感覺，可在心理學上，它並不是大惡人，它只是讓對方說出「YES」，讓你好辦事、不會碰釘子的一種高超技巧罷了。經由認識對方、吸引對方、誘導對方、掌握對方，如此一連串的合作、交往過來，你就會深深地烙印在對方的心坎上。幸運的話，對方還會成為你一輩子的知己好友呢！

要讓他人深深地意識到自己的存在，就要緊緊地掌握住對方的心理，把對方帶入自己的步調中是一件不容易的事！因為這除了要有能力、還要付出努力，關心對方、了解對方之後方能掌握對方。

心理學家所指的操縱或掌控，指的都是對方與我們的同一性，而不是脅迫性質「玩弄別人與股掌之間」的惡魔遊戲。為了要了解他人，我們就必須不斷的充實自我與完善自我……

在本書中，載滿了各種吸引他人注意，可以左右人心的方法指南。如果能對書本中介紹的心理學知識有所理解的話，不論是誰應該在一舉手一投足之間，就可以集中周遭人們的目光，應該就能夠讓他們依照你所希望的想法來行動，如此就可以讓你在人生的旅程上有了更大的助力！

目錄

1 人心接近術

2 人心吸引術

3

人心誘導術

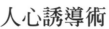

4

人心掌握術

5 人心操縱術

6

人心印刻術

Part 1

人心接近術

Chapter 1.

要了解人與人之間的距離

——想要深入人心，讓人喜愛的第一步，
就是拉近彼此的物理性距離

一切所有人際關係的起源，首先都是由「接近」對方，讓對方「喜歡」為開場。讓對方對你抱持著好感、與你融洽相處，對你敞開心胸、與你交心，而至共事、戀愛等等，所有人際的促成，都是以「接近」對方、讓對方「喜歡自己」為第一步。

在第一印象中就不受人喜歡、被人討厭、讓人產生反感的話，「往後的關係」是不會有什麼展望的。戀愛機緣也好、做生意的機會也好，都是在一開始就決定結局。「讓人喜歡」、「讓人對自己有好感」，是開始人際關係的序幕。

那麼，人為什麼會喜歡一個人呢？你是不是也覺得即使遇到的人有很多，但卻只會對特定的某些人有好感，覺得他們親切？這在心理學上叫它做「對人魅力」的問題，而這其中的一項要因就是——「接近要因」。

「接近要因」簡單的說，就是拉近和他人的距離。換句話說，像是居住在附近、在公司的位置相鄰、每天早上搭乘同樣的大眾運輸工具這類空間上的、物理性的距離接近的狀態，就是造成好感產生的要因。人只單單藉由「距離接近」的這種方法，就可以讓人感覺親切，給人好感。

就如同「遠親不如近鄰」這句話所言，一般來說人和住家附近的人們，會比住得較遠的人們更容易成為好朋友，也會較容易彼此信賴，如果彼此住得很近的話，單憑這一點彼此見面、交談的機會就多，對方的興趣、嗜好、生活習慣等等也會較為了解，彼此成為親密好友的契機也就增加不少，這在對人心理學的領域裡，就是「接近的要因」。

這在人世間一直是一項定律，儘管青年男女認識的機會、場所如何地比以前要增加許多，變得和以前不同，但同行結婚、同公司員工結婚的比例仍占多數，這大概是因為彼此是在同一個行業，較有機會碰面或在同一個場所工作，在一起的時間較長的緣故。

此外，根據美國某位心理學者的調查結果顯示，在分析了住宅區內成為好友的程度和其「物理距離」的關係之後，發現一個顯著的現象，住家附近的朋友，以住約七公尺範圍內的鄰居占多數，而住在約二十七公尺範圍以外的鄰居，鮮少會成為朋友。

以現代人居住環境而言，雖然住在同一個社區，但往往只會和使用同一部電梯的住戶變成朋友，至於其他棟樓的住戶就無法可以熟悉到交朋友的程度了。

我在以前也曾經以一個實驗來證明了這項「接近的要因」。去年在某個電視訪談的節目中，一位男性和二位女性進行了一段時間的閒談。其中一名女性坐在和這位男性距離五十公分的座位上，而另一名女性坐的位置則和這位男性距離較遠，約相距二公尺四十公分，在訪談結束之後，詢問這位男性對哪一位女性較有好感，不用說，他當然選擇了坐得較近的那位女性。

這個實驗，是在美國進行過之研究的再版，雖然男女的立場相互調換，但結果依然不變，終究是「喜歡坐得離自己較近的一方」，像這樣，物理性（肉體上）的距離和心理性（精神上）的距離，大致上是呈現正比的。因此，如果想要貼近人心，進入他人的內心深處，讓人喜愛的話，首先最有效的方法，就是和此人的身體接近，拉近彼此在空間上的距離。

盡可能的出現在他附近，製造自然的見面機會、打招呼的機會、以及交談的機會。這就是讓人對自己產生好感的第一步。若兩方相距遙遠，沒有互相認識的機會，彼此互不相識的話，就算是再怎麼出色的一個人，也不會有「被喜歡」的事發生。

網球、高爾夫球、音樂、小說……一旦發現對方是和自己擁有相同的興趣，彼此都是這種嗜好的同道中人，一下子見外疏遠的情況馬上改觀，馬上感覺到彼此的距離縮短不少——這樣的經驗大概任誰都曾有過，多少一定會比那些和自己興趣、見解不同的人，感覺要來得親近些。

有關認識的人這方面也有此一說——一旦對方表現出和自己相似以及和自己不同的部分，如果是自己喜歡的人，彼此相似的地方就會增加，但如果是自己不喜歡的人，彼此的不同點就會變多，這種情形在我們的身上是常常看得到的。

不論是說話方式、習性、服裝、興趣等等的類似都沒有關係，只要讓對方認為「有某些相似之處」，就可以瓦解對方的警戒心，為他對自己的認同感打下基礎。

不過也有當我們和對方的交談無法步調一致，說什麼也是牛頭不對馬嘴的時候……這時你只要試著去模倣對方的動作與姿勢，也會有正面的效果產生！

Chapter 2.

讚美的技巧

——與其正面地讚美，倒不如間接地褒獎

「同情並不是為了他人好」這句話的「同情」在最近已經完全變質了。它本來是說，同情他人是在為自己積德，不久這個福報還是會回應在自己身上的意思。然而最近幾年，好像有不少的人把它解讀做：「同情他人會把對方寵壞，反而不是為他好。」

這是反映出現代社會已趨於變質的一個現象，總讓人覺得有些不是滋味。但是，在心理學的角度來說，人因為對他人付出的同情會回報到自己身上而得到心安，而向他人出示的好感，會好像迴音一般，一定會變成對方對自己的好感，回報到自己本身來。

這就叫做好感的回報性。也就是說，如果一個人對我們表示好感，對我們自己給予高度的評價，自然而然，我們也會對他抱有好感，相反地，對一個討厭我們自己，對我們評價很低的人，我們也一定會覺得他討厭，對他有反感。A如果很喜歡B的話，B也會變得喜歡A。A如果討厭B的話，B也會討厭A。這好像是金錢一般，人類的心理也會有這種直接對等（對價）的反應。

只要回想一下小時候自己很喜歡的人，其中應該一定曾有「對自己溫柔和藹」的幼稚園老師，以及在自己家附近，撫摸著自己的頭稱讚著「這個孩子真乖」的伯母。對於那些搶自己東西的小孩，或是常常罵自己的凶巴巴的老阿伯，回想起他們時，一定覺得他是可怕的人，對他們一定會抱持著敵意，反正應該不可能會喜歡他們才對。人類的喜惡感情，即使是長大成人了，也是以小時候為基礎，不會改變。

當然，在這裡所說的「好感」，有各式各樣的變化型態。喜歡自己、愛自己、理解自己的立場、支持自己的想法、當自己處於逆境時會幫助自己……這些都是「好感」。

反過來說，「惡意」也有不同的變化型態。欺負自己、漠視自己、對自己使壞心眼、批評自己、對自己冷嘲熱諷……等等。人類有強烈的傾向也會對給予自己好感或壞意的人，回報同樣的好感或壞意。

人類有著想要受到別人高度評價，想要滿足自尊心的欲求。這些欲求藉由別人對自己表示好感，以及給予自己良好評價的這些行為來得到滿足。尤其是現今對自己的立場以及能力有所懷疑，感到不安的人，會有那種受到他人肯定就能肯定自己，被他人給予否定評價，就會以否定來回報對方的強烈傾向。

換句話說，因為得到他人好感的人，僅僅以此就可以滿足其自尊心，所以他對對方也會變得喜歡。因此，如果你有一個部下陷入了苦境的話，一旦你若無其事地對他表示善意，對他伸出援手，不論對方是誰，都會對你回報以尊敬的善意。

反過來說，如果你想讓一位上司喜歡你，那麼將自己對他的好感、自己對他的尊敬等等善意，間接地透過第三人傳入他的耳朵裡的這個方法是最具效果的。比起面對面地讓對方聽到自己對他的讚美和恭維，透過第三者把這些話傳到他的耳裡，會使這些話的「可信度」一下子提高更多，「說真的，我對小王的看法是……」這些話會得到百分之百的信賴。對方的這種好感在不久之後，一定會轉化成有形或是無形的好感，回報在自己身上。

不管如何，「對人表示善意不是為別人做的」——如果想要讓對方喜歡自己，首先，就是自己要去喜歡對方。

Chapter 3. 增加累積的印象

——如果二次、三次地重複見面的話，
漸漸地心中的好感就會油然生起

「在陌生人的面前，我十分怕生……」像這類避免和他人見面，覺得和他人見面是種痛苦的人不在少數。因為這樣，他一定會錯失掉許多難得的機會，工作和人際關係方面，也一定多少會有損失。

但是，面對初次見面的人會怕生、會膽怯，這是誰都會有的情形，只不過是程度上會有所差異罷了。沒有人在面對第一次見面的人時，會比面對自己認識了十年的朋友更可以放鬆心情或感到心安。不論是誰在和他人初次見面時都會笨拙地不善於應對，都有著要開始人際關係時，所會出現的某種困擾。

這是因為我們在面對未知的事物時，都會產生好奇心，同時又會感覺不安、緊張，甚至恐懼的緣故。對方到底是怎樣的一個人，有著什麼樣的想法呢……一切都是未知的，對方的真正一面也不得而知。因此，也不知道怎樣的應對才較合宜。把前面的話反過來說，就是「自己在害怕這些未知的事」。

然而，這些「對未知的不安」，之後就會在見面時消除，而後對對方的心性有所了解，不久就會變得親密起來。除此之外，見面的次數越多，彼此的親切感也會越漸增加。

即使在第一次見面時感覺不安，或是對對方不抱任何印象及感覺，只要二次、三次地重複見面之後，也會不知不覺地對這個人心生好感，變得喜歡他，像這種情形就叫做「單純接觸原理」的心理現象。

美國的心理學者賽恩斯進行過一項實驗——從大學畢業紀念冊中抽出十張照片給被實驗者看，並調查被實驗者對照片中人物各別的好感程度。從調查結果中我們得知，看的次數愈多的照片，被實驗者對該照片中人抱有的好感也就愈高。

也就是說，即使沒有實際的見面或是交談，只要單單地多看幾次照片，心中就會感覺對這照片中人有所熟悉，親切感就會油然生起，自然而然地就會對此人有好感。這是「單純接觸原理」的一個重要關鍵。

也就是說，並不一定要和對方見面、談話、一起做些什麼，只要單單地「讓對方看到自己的臉」，對方應該就會慢慢地喜歡自己。

所以，不論是異性也好，是生意上的合作對象也罷，如果有不太熟稔，但無論如何都想要把他說服的對象，在一開始不要勉強地想引起對方的注意、抓住對方的心，首先請朝著讓對方多看自己幾次的這方面去著手試試看。

如果在對方的住家或是辦公場所附近的話，「因為剛剛來到了附近，可否去看您……」——像這樣即使沒事也會出現在對方身側，再去拜訪對方，不過這種拜訪必須拿捏分寸，簡短幾句話就可告辭，不要讓對方感到被你突如其來的打擾到了……除非對方說，「等一下，一起去喝一杯吧！」否則你不能久留，死纏著反而讓人討厭罷了。

假裝偶然，若無其事地告訴對方自己就在他附近，幾次下來碰到面的機會、頻率就會增加許多。用這個方法在對方的心中慢慢地、一點一滴地儲蓄起他對自己的好感，大概在不久之後「我們可以試著交往看看」、「我想和你簽訂合約」這些善意的回應，就會變成是儲蓄的「利息」，回饋在自己身上。

然而在最真實的情況下，我們並不能斷言說只要見面的頻率越高，就會越喜歡對方。單純接觸原理的成立，僅限於初次見面的印象，也就是第一印象是肯定的，或是中立的情況下。在第一印象是不好的、否定的情況下，以後的結果就會是愈見面愈討厭。

Chapter 4.

人與人之間的最佳距離

——如果能知曉和對方在心理層面的距離，
就可以成為一個交際專家

如果是交心的朋友，彼此所採取的對人距離大概會接近到可以碰觸得到身體的那種程度吧！如果一旦成為一對情侶，大概接近的程度會到「沒有距離」的地步，即使彼此碰觸得到，大概也會想要更加接近。

相反地，在面對初見面的人、不認識的人、討厭的人或是令人發怵的上司時，人應該就會保持一定的距離，不會跨越雷池半步。假使是一個自己很想親近的偉大人物、令人心儀的對象，就算只是從遠遠的一角見到他（她），大概心裡也會有那種為之傾倒的感覺吧！

像這樣，面對他人時彼此間所採取的物理性距離，就直接地成為估測此二人間之心理距離的量尺。因此，藉由對方採用怎樣的距離和自己接近，就可以得知對方心中對自己所持有的親密程度如何；相反地，藉由自己刻意地應用這種對人距離來和人來往，以此來接近對方的內心，彰顯自己的存在，這當然也是可能的事。

例如，一般而言，上司和部下的距離大約以45～120公分為適當距離，一旦彼此的距離比這個距離還要接近，就證明他們兩人在工作上也好，或是在私交上也好，都有著相當親密的關係。另外，如果兩人間的距離大於45～120公分的話，就可以知道他們彼此敬而遠之，彼此不喜歡對方。

好好地利用這個原理，在平日時經常地保持這個適當的距離，在「萬一」的時機下，試著再跨近一步地接近他，一旦這樣做，上司對你這個部屬的積極態度，就會不需任何言語地予以了解，就會對你產生親切感。

相反地，如果你想要維持身為上司的威嚴，又想讓部下們了解你的話，通常位於220公分以上距離的位置下達指示、命令，就可以收到威嚇的效果。

另外，若是一般與人交往的情況下，如果想要讓對方喜歡自己的話，在酒席或是聚會中，最好能和此人以50公分左右的親近距離交談。

所謂的50公分，是一方的人伸長一隻手可以碰觸到對方身體的距離，這是一個微妙的界限，一旦兩人距離大於此，即使交談的時間再久也會感覺生疏，但是一旦兩人間的相距小於此，彼此心中就會有好像自己領域被人侵入的不快感產生。

在彼此相距50公分的情況下，可以達到去除兩人心中隔閡，對彼此萌生親切感的效果。

接下來，我將艾德華・霍爾所主張的「八種距離的含意」列示如下：

〈密切距離〉

①親近狀態（0～15公分）

這是在愛撫、格鬥、安慰，以及保護的情況下會採用的距離。在這種相當親密的兩人才會使用的距離之下，言語的交流效果變得微不足道，一切盡在不言之中。

②較遠狀態（15～45公分）

這是一個伸手就可以碰觸到對方的距離，親密的兩人會以此距離相處。這也是在擁擠的交通工具中，人與人之間彼此保持的距離。

〈個人距離〉

③較近狀態（45～75公分）

這是一個可以抱住、抓得住對方的距離，對方的表情在此距離裡可以一目瞭然。妻子和自己處在這種距離之下是理所當然的事，然而一旦其他的女性進入了這個範圍之內，就有可能會招人誤解。

④較遠狀態（75公分～1.2公尺）

這是一個雙方伸出手可以碰觸到彼此的距離，在此距離下個人方面具有彈性的私人空間。

〈社會距離〉

⑤較近狀態（1.2公尺～2.1公尺）

這是一個超出身體碰觸界限的距離，在工作時，同事間會維持這種距離。站在這種距離之下看對方，會有威嚇的效果。

⑥較遠狀態（2.1公尺～3.6公尺）

這是一個談公事時的形式化距離，用此距離可以不把他人掛在心上地完成自己的工作，而且也不會引起他人的困擾。

〈公衆距離〉

⑦較近狀態（3.6公尺～7.5公尺）

兩人相距4公尺左右的距離，可以讓應對之中有些許的不確定性，可以為說的一方，和聽的一方之間保留一些餘地。

⑧ 較遠狀態（7.5公尺以上）

這是一個在演講、演說時會採取的距離，在這個距離之下很難有個人對個人的交流。大人物、政治家、明星或是ＶＩＰ級的重要人物周遭，自然而然地就會形成這樣的空間範圍。

人與人之間的距離，看似在無意識之下形成，不過其實是可以代表其內心與對方親密疏離的一種實際狀況。

Chapter 5. 先向對方坦誠自己

——試著斷然地闖入對方心房，這會讓對方的防衛鬆懈下來

到目前為止，說不定您已經注意到了，要獲得他人好感的技巧，以及要貼近人心的訣竅之間，有一個共通的要點。

這個要點就是：要接近對方內心，讓對方敞開心房，首先自己一定要先敞開心房和對方親近不可。如果想要和對方打成一片的話，自己要先讓對方感覺你對他沒有隔閡，自己要先和他親近才行。要努力才能打開對方的心扉，或者應該說，不努力的話，是無法打開對方心扉的。

同對方真正地傳達自己本身的一切，在心理學用語來講叫做「自我坦誠」，善用自我坦誠的效果，是一個吸引他人關注的巧妙作法。

自我坦誠通常可以分成很多階段。換言之，雖然一開始僅止於交換名片和自我介紹，但不久之後隨著彼此親密程度的增加，話題會變成工作上的問題和一些趣事，最後，交談的內容就會變成性格、身體、金錢等等的相關話題。漸漸地，一些「深入的問題」、私人的事情不再有所隱藏地開誠佈公，並且藉由這些表白，彼此的親密程度會益發地加深。

但是有些時候，人會刻意地漠視這個順序，對一個幾乎是才見過第一次面的人，冒然地坦誠自己私人的問題及煩惱。比如家庭的一切、小孩子的學業、工作上的煩惱、和異性交往或是金錢上的問題等等，在自然而然

的情況下，刻意地、若無其事地說出這些「若非關係十分親密，絕計不會告知的事」。

「這和工作沒有任何關係啦……但我還是想告訴你，我兒子和他爸爸一樣，成績很差，我實在很傷腦筋啊……」

「我不知道該不該說……其實我一直為自己在公司內的人際關係感到困擾呢……」

有些時候，人會像這樣在留意不要中傷到他人、不要變成在發牢騷的情況下，向他人傾訴自己的一些私事。

在很多時候對方會因此而產生「噢！他對我很親切啊！之前是不是太疏忽了呢？」的感覺，進而以坦誠自我來回應。

換言之，坦誠自我在對方的眼中，是一種表示信賴和親密的行為。因為人類被待以親切的行為和舉止時，心中也會產生親切感，也會想以親切的行為和舉止來回報對方，所以，就會以「坦誠自我」來回應對方。

自我坦誠有互換性，也就是相互性的傾向，我們可以發現人會配合著對方自我坦誠的程度，來向對方坦誠自己。如果對方從頭至尾一直在說些無關痛癢的話，搞了半天東拉西扯毫無重點，自己就會有彼此交流僅止於此的想法，如果對方從一開始就推心置腹地和自己交談，那麼自己也會以「推心置腹的態度」和他說話。

因此，偶爾不要去理會自我坦誠的階段順序，試著在適當的時機點上，把自己的私人煩惱和問題說出來看看。這樣做會使得對方對你的信賴更加深一層，會讓對方「哎啊，其實我也……」這樣地說出他的心聲。隨著這種自我坦誠的你來我往，兩人彼此間的親密程度會有所增加，會漸漸地架構起緊緊相連的親密感情。

但是有一點要注意的，就是如同前面提到的，要留心不要把這種自我坦誠變成中傷他人的八卦或是變成是在發牢騷，而且要注意不要表白過了頭。冒然地對一位初次見面的人說出「最近我和妻子不太對頭，其實我想要和她離婚」等等這類的話，會讓對方驚慌失措，答不出話。這會造成反面的效果。

放鬆警戒，在不知不覺中佯裝一副若無其事，不以為意地脫口而出的樣子，一副好像要和對方商量的樣子，或者，試著說出「不是自己過失所導致的失敗經驗」，這些都是向他人坦誠自己時的必要技巧。

Chapter 6.

適當並有技巧的碰觸

——單單藉由握手，或若無其事的搭肩動作，就可以增加彼此的親密程度

見面、傾聽、交談……人類相互溝通交流的方法有各式各樣，但在其中，大概沒有一個方法會比「接觸」，能更深刻地傳達自己的意思吧！

這一點，我們試著回想一下母親抱著嬰兒的行為，或者是男女間的性行為就可以充分理解。這兩者都是非常深刻的情感交流，不論哪一種，只要少了身體的接觸都不會成立。換言之，碰觸對方身體的行為，具有向對方傳達自己善意、讓對方感覺安心、親切的心理效果。

如果就對人距離來說的話，原則上「零距離」是讓人感覺親切的距離。當然，這種零距離的接觸並不單指性行為或是擁抱的行為，握手、搭肩等等的「輕量級」行為也包含在內。

這種肌膚與肌膚相接觸，透過肌膚所傳達給對方的善意，比透過視覺、聽覺來傳達更為強烈，更令人印象深刻、更令人感覺溫暖、感覺信賴，這種種的感覺會深植對方心中。

有這麼一個實驗——

某人和未曾謀面的三個人初次見面。但是，和這三個人的見面方式各有不同。

1・只是彼此照面。

2・矇上雙眼只是彼此交談。

3・矇上雙眼只是彼此握手。

然後，詢問此人對這三個對象的各別印象為何。

結果如下——

方式1的印象——「冷漠、傲慢、孩子氣。」

方式2的印象——「有距離感、覺得形式化、做作。」

方式3的印象——「覺得可信賴、親切、正直、老實、感覺敏銳。」

令人覺得有趣的是，在沒有面對面（所以對方的表情是無法得知的）、沒有交談的情況下，單憑握手的動作就能得到最多的好感，而被付予信賴。

其實，以這三種方式見面的三個人，全部都是一個人扮的，然而儘管如此，隨著交流接觸的方式不同，給人的印象就因而改變。換個角度來說，人類對觸覺的信賴程度更勝於聽覺和視覺，並以觸覺，來做為辨別對方好壞的判斷基準。

一旦握著對方的手請求幫助，多數的人會順應自己的請求，照著自己的請求去做。有一個實驗是這樣的——一旦女服務生在遞出帳單明細時，不經意地碰觸到男客人的手，小費的金額就會增加。換句話說，碰觸不僅僅具有讓對方對自己產生好印象、讓對方對自己產生好感的這些心理效果，它也有「實質的利益效果」。最常見的例子，就是在選戰期間，因握手戰術而贏得大筆選票的顯著效果。

或者，當投手陷入困境之時，教練或是指導員會跑向投手，拍拍他的臂部或肩膀來安撫投手動搖不穩的心，這種場面也是經常看到的。

會交際的人大都會以輕輕「碰觸」對方的行為，來達到安撫、說服的效用，解除掉對方的緊張感，進而喚起他對自己的親切感，讓他覺得安心，並讓他知道自己對他的善意和好感。因此，在與人初次見面時，不僅僅要和對方握手，也可以試著若無其事地拍拍對方肩膀——單單靠著這種習慣性的碰觸，應該就可以讓對方對自己的感覺變得更為親密。

但是，對「碰觸」的對象、碰觸的部位，還有時間、場所必須要有所選擇。因為如果隨便地拍上司的肩膀，會有遭到解雇的危險，如果碰觸女同事的臂部，難保不會被控告是性騷擾，在「一般認知的範圍內」若無其事的碰觸是很重要的。

Chapter 7. 親切的笑容與善意的眼神

——用笑容和視線攻占對方的「眷戀理論」

人類的笑容，到哪裡都會受到歡迎，這是我們所熟知的。但動物的笑容卻更會引來騷動，新春期間在電視上曾報導日本有隻會微笑的海獺，竟成為一個觀光景點，引來男女老少的一睹為快，哪天我們動物園的圓仔如果露出笑臉，相信又會讓人擠破頭了吧！

1．笑容的功用

笑——是臉部呈現幸福快樂的愉悅狀態。雖然也有嘲諷的笑、陰險的笑，這類的笑容也是存在的，但基本上，笑容是一種表現幸福心情、沒有邪念的善良行為，也是最能對對方表示親愛表情，也是表示自己心中對他有好感的表情。

如果對方朝著自己直笑，自己就會不得不以笑臉回應，微笑就是有這種緩和緊張場面、躲開、抑止他人敵意與攻擊的效果。換言之，笑容是一種「讓人覺得沒有敵意、給人強烈親切感」的無聲信號，是一種會讓人有服從反應的表情。

從英國兒童精神分析專家鮑比主張之「眷戀理論」的觀點來看，他說人類「為了要把他人留住而笑」。也就是說，笑容不外是內心想要和他人有感情上之聯繫的一種表現——眷戀行動的一種。

表示眷戀的行為，不外是向對方表明自己對他的好感以及自己對他的感情。因此，一旦出示了這樣的行為，對方也會變得和自己有相同感覺，也不得不透過笑容來回以好感和愛意。

「笑容」除了皺紋會增加之外，就再也沒有缺點了。就建立圓滿的人際關係這方面來說，它所有的全部都是正面的作用。

但是，嘲諷的笑、冷笑、不合時宜的笑，是要特別謹慎小心的。故意、刻意的笑容只會造成反面的效果。畢竟，「漫不經意的自然笑容」在親近人心的種種技巧之中，是最有效果的。

2．視線

除了笑容之外，「目光相對」、「點頭認同」的動作，也被認為是眷戀行為的一種。

不用說大概大家都知道目光相接、凝視對方……等等視線方面的操作，是親近人心、誘導他人的一個重要訣竅吧！眼睛比嘴巴更能說服他人，人可以藉由凝視對方眼睛的動作，無聲地把自己心中的好感和熱情傳達給對方知道。如果對方用溫柔的目光凝視著自己，自己會感覺到對方的善意，相反的，藉由自己溫柔地凝視著對方的這個舉止，自然就可以把自己的善意傳達給對方。

和一個支持自己意見、立場，給予自己肯定的對象談話時，我們會不斷地看著對方。但是，一旦面對的是一個給予自己否定評價的人，我們的視線就會慢慢地、漸漸地移開。我們可以說視線照實地陳述出此人本身的想法和態度。

因為眼睛也是容易表露自己內心狀態的部位，所以人可以藉由使用的方法，刻意地左右對方的心。比方說在面對初次見面的對象時，最好能留意地向對方投以穩重的視線。根據一項實驗結果證明，如果和對方交談時目光相接，對對方的印象會是「值得信賴、充滿活力的、容易親近的」。

但是另一方面，人類也有著想要逃避他人目光的「視線恐懼情感」。大概幾乎沒有一個人在被不認識、沒見過的人動也不動地盯著看的情況下會覺得自在吧！應該還有不少人會覺得不舒服、會覺得恐懼才對。大概會覺得好像「被人用槍瞄準」成為射靶一般，會想要逃離這種情況、會產生反抗心理，有時候還會想和對方打架。雖然同樣都是注視，一旦眼神中含有威嚇、支配的意味，就會令對方產生恐懼、反感，以及強烈的不快。

因此，為注視對方的方式以及視線交接的方法，下一番工夫是絕對必要的。最好能夠謹記下面的幾項重點：

一、次數頻繁的視線相交——表示對對方抱有好感，想要與之更進一步的交往。

二、目光相接的次數少——則表示對對方抱持著否定的情感，想要儘早結束交談。

三、凝視——抱持著否定、有敵意的心態，想要封住對方的發言。

一言以蔽之，就是不注視對方的眼睛不行，但過度注視對方也不可以。因此，不要緊緊地盯著對方的眼睛，和他目光的焦點相接，把視線隱隱約約地放在其口部的附近「游移」是較有效果的一種做法。視線的角度及高度，也應該要避免處於俯視對方的狀態。因為這樣只會讓對方有威迫感，只會讓他心中產生警戒。如果對方的姿勢是坐著的，自己也一定要把姿勢降低來配合對方視線的高度，這是很重要的。

人常說在和孩子談話的時候，大人應該要蹲下身子來配合小孩視線的高度，這就是因為如此做會讓小孩的壓迫感消失，會讓小孩的警戒心解除，也會讓小孩子不覺得緊張，進而讓他感受到自己的親切和好意。

3．點頭

此外，「點頭認同」也是讓對方產生好感的一項重要的眷戀行為。

根據一項利用某公司進行面試時所做的實驗結果，證明了一旦面試者點頭認同的次數增加，應徵者談話的時間也會因而增加不少。

換言之，「點頭認同」是一種「對對方的談話內容抱持著興趣和關心，想讓對方的談話繼續」的表現，是善意的一種自然流露。

隨著「點頭認同」的這個動作，自己的善意會就此傳達給對方（或多或少對方都會有此認知），會讓對方的談話更為起勁，對自己的好感也會增加。

Chapter 8.

記住對方名字、叫對方名字

——讓對方產生自然的歸屬感，直接叫對方名字反而親切

在會話中夾帶特定名詞來引發對方產生好感的這種心理效果，我們可以用「自我關連」的理論來加以說明。

換句話說，不用「您」、「先生」、「小姐」這些客套代名詞，而記住對方的名字並直接稱呼對方名字的這種做法，會促使對方感覺更具獨特性、更無可替代。藉由這個做法，可以深深地讓對方得知自己對他的談話及內容抱以「深切的關注」，因此也可以提高對方心中對自己的興趣、關注以及好感。

除此之外，在提升對方好感程度還有一個方法，就是運用「親密度」高的言語和表現。

「親密度」是指和談話對象之間的精神距離，親密度高的言語和表現可以顯示自己對對方的好感程度（並促進對方對自己的好感程度），親密度低的言語和表現，會被認為是在迴避對方，不喜歡對方。

1．注意對人的稱謂

譬如，和只是說「你遲早會有成就」比較起來，把主詞確切化——「我認為你一定會有所成就」的這種肯定的說法，更能明確地表達自己的

意思，親密度也會提升很多。另外，用第三人稱當主詞——「大家認為你一定會有所成就」——的這種說法，和用「我認為」這個第一人稱相比，後者的親密度就顯得較低了。

2．表現出和對方的直接關係

比起「我對你期望很高」這句話，「我對你這個部門的期望很高」這種說法的親密度較高，此外，和「今日必須和林先生見面」比較起來，「今日要和林先生見面」的這種說法，更能讓自己的希望和意思明確化，親密度也會較高。

3．審核一下用詞的「距離感」

和「我們成了朋友」這句話比較起來，「我們一直都是朋友」這句話的親切感會比較高。前者讓人聽來有點已經過去，如今關係不再的意味；相形之下，後者的語句表現出了良好關係正持續進行。換言之，就是縮短時間上的距離。此外，比起「那些人在叫我」這句話，「這些人在叫我們」的這種說法所表現出的物理性距離較近，親密度較高。

例如，對女朋友說「這個週末你和我去看場電影。」不如說「我們這個週末去看『飢餓遊戲』這部片子吧！」

所以對於想追求的心儀對象，提出約會要求，不要說「我想請你吃飯！」應該說「那家江浙館子的菜，朋友都說相當有特色，下班以後我們也去那兒嚐嚐看！」

這種暗藏義務性、強制性的請求方法比較起來，其讓人產生自然歸屬感及一體感的效果，要強得多。

Chapter 9. 第二印象力

——就算給對方的第一印象很差，也是可以期望會有捲土重來的一天

是否能夠和人變得親近，是否可以讓他人對自己抱有好感，這其中最為重要的關鍵就是給人第一印象的好壞。

但是有些時候常常會因為身體不適或是太過緊張，不加思索地就說出一些話來或做一些笨拙的動作，導致對方不喜歡自己，給了對方一個不好的第一印象。於是，一旦對方以此態度對待自己、回絕自己，在下次訪問時，自己就會太過在意地要「扳回上次失敗的局勢」，反而又過度緊張，變得又重蹈了上次的覆轍，對方對自己的印象也變得越來越差。

於是，這樣子次數頻繁地一直重複拜訪，會使得「單純接觸原理」的負面效果不斷運作，訪問越是進行，對方心中對自己的不好印象越是強烈，最後終致陷入泥沼狀態。

這種最初印象主導著往後印象的情形就叫做「起始效果」，換句話說，人很容易會被第一印象所左右。

因此，假如心中認為對方對自己的第一印象不好，對自己有反感的話，必要採取的對策是不要勉強地迫使對方接受自己，要讓對方冷靜下來，要為對方置留一段冷卻期間。

但是，第一印象並不是絕對無法改變的。和「起始效果」正好相反，

有些時候，隨著各人的不同，也可以看到心中抱持的印象，隨著最近接收到之訊息而左右的這種「親近效果」較強烈的情況存在。因此，如果第一良好印象製造失敗的話，要推翻這個壞印象，在下次訪問時的一舉一動要博得好感、要發揮親近效果的作用等等，就變得格外重要。

為了上回那件被冷淡地回絕掉了的交易，而再次登門拜訪之時，一開口先說：「今天我不是來和您談生意的，我是特地來請教您的……」

然後，就對對方的專業提出「教我」的誠懇態度，如此客戶最初的不良印象一下子翻轉過來，有了一百八十度的轉變——這種銷售員的例子也是有的。或者也有採取禮物攻勢，在對方家人生日當天送上花束、卡片而得到交易成功的例子。另外，由上司用電話若無其事似地向對方提及「之前真是失禮了，其實他並不是個差勁的人……」如此地將對方「印象軌道」予以「修正」，也是個有效的辦法。

像這樣，要讓他人對自己抱持好感，第一印象絕對扮演著極為重要的角色，這是無庸置疑的。但正是因為如此，不能說一個勁地表現親切就好。故意地在初次見面時給人留下壞印象而得到優異業績的銷售員也是有的，就壞印象的另一面來說，它也是一種深刻的印象。

Chapter 10. 門外漢反而是贏家

——裝成一副業餘人士的調調，
可以讓對方解除戒心

一生橫跨十九世紀和二十世紀的美國律師葛蘭斯・丹諾，說過下面這麼一段和親子關係有關的話：「我們的一生，前半段因為雙親而泡湯，後半生則因為子女而泡湯。」

丹諾的這番話雖然夾雜著脫口秀式的諷刺性敏銳觀察，但卻是一針見血、一語道破，這樣子的丹諾在他專職的法庭之上，也是採取挺直胸膛，用手撥彈吊帶褲子的吊帶怦然作響，同時以高壓姿態主動攻擊的辯護戰術。這種威嚇性、攻擊性的交涉方法，我們稱之為丹諾式辯護。如果用具體的動作和行為來說的話，就是「挺胸」、「雙手抱胸」、「頭部向前傾出」，以及「盯著對方看」等等這類的動作。

這麼說來，如果採用的行為，動作大致上和這些完全相反的話，就可以把自己的親切和藹傳達給對方，在對方心中留下好印象了。比方說，像是「總是低著頭說話」、「態度十分謙卑」、「輕聲細語」以及「無所憑恃」等等這些。

用一言以蔽之，就是要表現出比對方看起來還要弱小的樣子。藉由這種舉動，把對方往上提高一層，製造出一種主從的關係。一般來說，人在面對比自己弱小的對象時，心胸會變得比較寬容，也會比較溫柔。

比如說，我知道有一位公司負責人在洽談生意以前，會特別留心不要搭乘進口高級車直接到客戶面前。因為他知道讓對方看到自己體面的排場，反而會使對方對自己產生警戒心，讓對方感覺自己態度強硬。

另外，視線垂落，一副沒有自信的姿態，也有讓對方立於優勢、抑制對方攻擊的效果。態度謙恭、行禮鞠躬的姿勢，可以讓自己看起來較弱勢，可以向對方表明自己讓步、服從的意願、可以給對方一個好的印象。

除此之外，試著把心裡所想的直接說出，會給人「說話笨拙」、「老實誠懇」、「木訥魯鈍」、「聽話比說話高明」的印象，有很多時候對方會給予自己善意的回應，說服力也會提高很多。

哪怕是「說話技巧高明但嘴巴不靈光」，嘴笨的人再如何也比那種口若懸河的人更能取得他人強烈的信賴感，而自己的誠意和熱忱也較容易傳達給對方。因為嘴笨的人會一邊生硬地挑選聽者可以理解的詞語，一邊全神貫注地說話，這會讓說服力提高。

說起來，外行氣十足、構不成威脅的感覺，會平撫對手的心，親切的態度和微笑，可以喚起對手對自己的善意。受到公司全體員工歡迎的業務員，應該大致上都是屬於這種木訥、不多嘴、誠實可靠的好人類型；相反地，怎樣也不會出錯、頭腦靈敏、處事手腕好的這種人，應該大家都會對他敬而遠之才對。說起來，這是不是可以稱為「佯裝門外漢之專業人士」的勝利呢？

還有，聆聽高手也是搏取人心、受人歡迎之技巧中一項很重要的訣竅。在這個世界上有很多的人都希望有一個擅長聆聽自己說話的對象，但這號人物大概已經不存在於世上了。在面對這個傾聽高手時，任誰都會敞開心胸、褪下保護層，自然而然地對此人也會給與更多的訊息和善意。

但是「擅長聆聽他人說話」，不是僅僅擁有附和、應合等這些技巧即可。要成為一個「大耳朵的人」，關鍵大概是能否誠懇地聆聽對方說話的這種「態度」上的問題吧！

「不論是誰說的話都要聽，不論是為了誰都少開尊口。」——在《哈姆雷特》中也有這麼一句話。據莎士比亞所言，「擅於傾聽他人說話」絕對是掌握人心，給與他人強烈印象的訣竅之一。

Part 2

人心吸引術

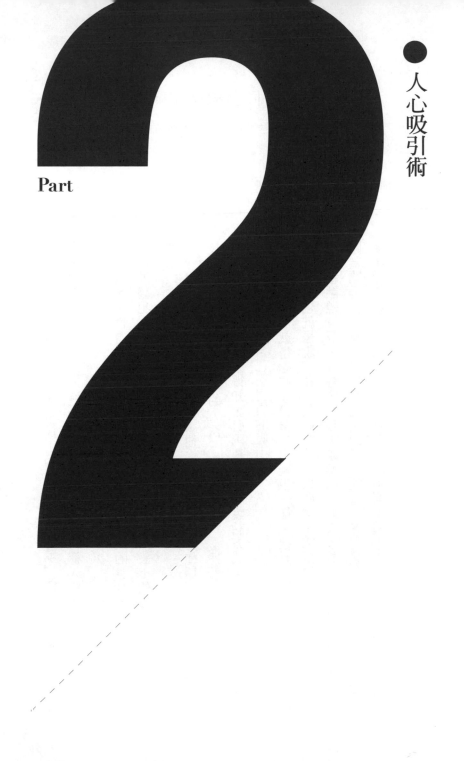

Chapter 1.

因應不同對象做出區隔說法

——說話的關鍵是放在前面好呢？還是放在後面好呢？

在推理小說之中，通常採用的敘述形式都是一個或連續數個案件發生，然後偵探就開始抽絲剝繭找尋疑犯，最後再進入指證疑犯的高潮的這種流程。

然而，也有些是採用在一開始之際就對犯人的身分予以提示，然後一一地推翻犯人的不在場證明，或是跌入了犯人所設下的圈套，也就是流程相反，所謂「倒敘法」的記述型態。

事實上，以吸引他人，讓他人為自己著迷這種擄獲人心為目的的談話技巧之中，也是用相同的方法。在心理學上，從針對「具有說服性的溝通」所做的研究結果得知，有兩種型態的說話方式可以增加談話內容的說服力，以及提高自己對對方的吸引力。

其中之一就是如同在最後指出疑犯一樣，把話的關鍵置於最後的「高潮法」。也就是說，在一開始的時候以問候，或是這些日子吸引人們注意的各種話題等等，這些雖然和主題無關，但大多數人都抱以濃厚興趣的話題為開場白。首先以此來吸引聽者的注意，在把氣氛帶動了之後，再漸漸地將話鋒移往重點或是想告訴對方的主題上頭——這就是「高潮法」的談話方式。

在推銷的場合裡，先以天氣、社會熱門頭條等等的有關的話題做為開場白，之後再慢慢地道出主題或是進行推銷的這種方法也是屬於此類，可以說這是個最傳統的方法。

另外一種方法就是「反高潮法」。這種方法就是首先在談話的一開始就點出關鍵，開門見山地告知重點，想告知的事或是結論，之後再進行相關的說明或是補充。

「從結論來講的話——」或者「我有三件事想告訴你。一是〇，二是△，三是×，為什麼呢？原因就是——」像這樣，在一開始就先下手為強地給對方猛烈的一擊，引起他們的興趣，之後再一一地說出其中的過程和原因。

換言之，一開始先使出「最後殺手鐧」和把殺手鐧留到最後使用的不同就在於，當對方對於說話的內容興趣缺缺時，用前者「高潮法」可以慢慢地提高對方的興趣，而在對方對自己所說的內容興趣十足的時候，用後者「反高潮法」可以趁著對方心中還存著緊張感覺時，將主要的重點加以敘述，這是兩種使用效果的區別。

此外，像是在銷售這類的情況下，當要推銷商品有著醒目特徵（新的性能、特別優惠的價格等等）的時候，用後者的方法，從一開始就積極地將此特徵指出來，吸引對方的注意，可以說會較為有效。

在書面的場合裡，將原稿冗長的內容縮減很多的報導文章之中，有很多都會用「何時、在哪裡、發生了某事、起因為某某緣故、後續發展如何如何……」的這種形式，將想要讓讀者知道的重點一一地寫出，依序地填裝入讀者的腦袋裡。據說記者都要接受這種「破題法」之寫作方式的訓練。因為如此一來，在想要縮減文章長度的時候，就可以配合必要的刪減量來刪除後面的部分了。

就這一點而言，報導文章和多採用「高潮法」的小說是不同的。雖然這兩種方法必須視情況而定，不能論斷哪一種的效果較好，但是，在現今這種資訊充斥的時代下，說不定把「甜頭」放在前面部分的「反高潮法」（破題法），在吸引人心方面效果，會比較好也說不定！

Chapter 2.

同病相憐的「同伴情結」

——一旦有了災難，陌生人也會有強烈的心理連鎖反應

在觀賞了一些恐慌的災難電影之後，我察覺到它們之間有一個共通的格式。那就是人類在陷入非常困境之時，素不相識的人們就會自然結合彼此的力量，朝向「獲救」的大目標一起努力前進。例如，「明天過後」、「慧星撞地球」等熱門影片。

在心理學上，這種想和他人在一起的欲求叫做「親近欲求」。這在我們社會生活的經營之中，是一項非常重要的欲求，親近欲求低的人會不太喜歡和他人接觸或是交流。而且經過證實，一旦心中抱持的不安或恐怖感變強之際，這種欲求也會隨之增高。

也就是說，一旦置身於恐慌、災難、自己安全受到威脅之強烈不安的狀況下，不論是誰、不管男女，人會變得十分迫切地想要和他人在一處。而且，在可能的情況之下，他們希望盡量能夠和境遇與自己同樣身處困境的人在一起，想藉由彼此的交談，或多或少地平息自己的不安；或者，他們想要藉此正確評量自己的心理狀態。

由於這個親近欲求的運作，難怪陷入災難狀況，或是處於人質這種不安立場的人們，會如同磁鐵吸住鐵砂一般，彼此身體和心理都緊密地依偎在一起，一同分擔不安、一同相互激勵。

美國的心理學者夏克達曾經用下面的實驗，證明了人類有親近欲求的心理。

這個實驗是以女大學生為被實驗者，在帶她們進入實驗室之前事先告知：「這個實驗的目的是想要觀察電擊對心理造成的影響。雖然電擊會帶來相當程度的疼痛，但並不會有受傷之類的後遺症。」

這個「威脅」的存在當然使得被實驗者強烈地感到不安。在這種狀態下，再進一步地徵詢被實驗者的意願：「因為實驗尚未準備就緒，所以要請妳們稍待一會兒，妳是想待在一個人的房裡等，或是想和他人一起在大房間裡等呢？」

實驗到此告一段落，這些女大學生們實際上並沒有受到嚴厲的逼問，但是，這時大多數的人都希望能待在大房間裡，都希望和他人在一起。

此外，一開始被告知「電擊十分微弱，只有到覺得癢的程度」這種恐懼和不安感十分低的一組，其中多數學生都回答待在一人房或是大房間內皆可，也就是說，她們並不會特別想和他人在一起。由此也可得知，親近欲求在不安、恐懼程度高的時候會較為強烈。

像這樣，隨著不安和恐懼感的產生，人類心中某種「同伴情結」會被喚起，會有強烈的傾向想要和境遇相同的人在一起、互相交談，藉此來解除心中的不安——「大家在一起就不會害怕了。」難怪「不安」有著將人和人連結在一起的作用。

因此，當面對和自己有著相同煩惱的人，如果能夠不單僅是表示同情，而是向他說「其實我也在為同樣的事困惱不已！」或是「以前我也犯過同樣的錯誤，陷得很深……」如此地刺激對方的親近欲求、滿足對方的親近欲求的話，對方應該會對你產生親切感、信賴感才對。

或者，抓緊這種心理，預先掌握住想親近之對象平日的一舉一動，或是過去的一些經歷，找機會對他說出「其實我一直在為某某事煩惱不已呢！」或是「我聽說你也有過相同的經驗，所以想和你談一談……」

如此地增高對方的親近欲求也是不錯的方法。因為彼此「同病相憐」，所以應該會產生強烈的心理連結鎖鏈才對。

Chapter 3.

睿智的人都會無比的幽默感

——幽默和笑話是人際關係的潤滑劑

有兩位太太正在交談——

「那，妳先生好嗎？」

「他呀！一個禮拜前過世了。」

「啊！怎麼會這樣呢？」

「就在晚餐的時候嘛！我拜託他說『請幫我拿一下鹽！』結果他在站起來的那一瞬間，就突然心臟麻痺了……」

「怎麼會這樣？好可怕哦！那妳怎麼辦呢？」

「沒辦法呀！只好吃一塊沒有加鹽的牛排囉！」

在國際間的感覺來說，東方人通常都被說是缺乏幽默和笑話的民族，的確，一般而言，東方人對於言談巧妙、說話逗趣的人，多會給與「性格不穩重」、輕佻浮躁的負面評價。

相形之下，歐美人士就完全相反，一旦出席社交場合或是宴會，或是在演出、交談的場合中一個笑話也說不出來的話，會被認為「思考不靈敏」、「缺乏幽默感」等等，人們會敬而遠之；有幽默感的人，多少都會受到他人喜愛。

據說因為如此，歐美人士們不論是誰，都會隨時準備一兩個笑話。另外，也聽說美國總統還聘請某些人為專業人士，專門為他擬演講稿或是接待詞。

有段小插曲不知是真是假，之前林肯總統在遭人暗算的時候，身邊的人叫喚道：「先生，您還好嗎？」林肯總統做了以下的回應：「我沒事，不過，美國人民可能不太好呢！」

另外，還有一個雷根總統的笑話。有一次雷根應邀去演講，他的夫人南茜要被介紹上台時卻摔了一跤，一時間場面十分尷尬，而雷根他老兄卻不慌不忙地說：「南茜，我不是說過，等我說完了，沒有掌聲，你才須要如此做呀！」由於可見，美國的總統都有搞笑的功力！

在歐美地區，幽默深入日常的生活之中，是一項不可或缺的要素。它成為了日常生活中不可或缺的調味料、成為了生活裡的潤滑劑。幽默或是笑話具有解除人類緊張心情、解放平日生活之束縛感的絕妙效用。因此，擅於此道的人，就會比他人更有能力去掌握對方的心，令對方著迷。

另外，合時合地的幽默和詼諧，從心理學的角度來看，有很多時候會成為一種風格清逸脫俗的表現（對聽者而言意想不到的話）。因為這可以擄獲聽者的注意力、可以讓說話的內容較容易為聽者所接受，所以說服力增加，是可以想見的。

那麼，要怎麼做才能讓自己擁有這種詼諧和幽默感，以達到吸引人心、擄獲人心的效果呢？

第一、就是從日常生活中，盡量培養一個能由多種不同角度去看待事物的心。因為藉此就可以訓練出多元化、有創新點子泉湧而出的多角化、廣泛性思考模式。

第二、就是有時候自己說出幽默和詼諧言語只有自己覺得有趣，但聽的人卻不這麼認為，這種結果會造成周遭人們的困擾。說話的話題除了貼近今天的場合，還要配合聽眾的性格、興趣和關心的事才行。因此，有時候自己扮丑角、客觀的觀點和思考是很重要的。

最後我們可以說，絕妙的幽默詼諧，是由豐富的創造力以及日常生活中努力蒐集情報而生成的，以擄獲人心為目的的智慧和機智，開始於對對方情報的確切掌握、充分了解。

Chapter 4.

不經意的肢體語言攻勢

——試著若無其事地去模仿對方的姿勢和動作

習慣是會傳染的，曾經有過一個實例：小孩子模仿口吃朋友的說話方式，結果他也變成了暫時性的口吃。另外，也有人在不知不覺中會模仿自己喜歡的人，或是尊敬的人的口頭禪或是動作習慣。

換句話說，雖然是拷貝版，在經過再三的模仿之後，連自己都會忘記自己是在模仿他人，而把這些拷貝變成是自己本來就有的口頭禪和習慣，而且變得十分自然——這是常有的事。

不僅僅是習慣，像是思考模式、生活型態等等，人類也都是藉著對先人的模仿，行為而架構成的，我們人類可以說是「學習性的動物」。

姿勢也是會傳染的。雖然這應該不是刻意的倣效，而是一種無意識的「反射行為」，但是有很多時候，對那些自己對他們有好感的人，我們會在不知不覺中好像鏡子一般地模仿著他們的姿勢。

和親密的人談得正熱的時候，如果對方叼起根煙，自己也會叼根煙，如果對方喝咖啡，自己也會不由自主地喝咖啡。如果對方一邊笑著、一邊點頭，雙手抱胸，自己在不知不覺之中也會照著這些動作、姿勢，依樣畫葫蘆地做。對方將手插在口袋裡，自己也會照做。對方伸手去拿帳單，自己也……（這個動作說不定不會照做？）

像這樣，彼此的姿勢和動作會互相回應，兩個人會反覆著相同姿勢或動作的情形，就叫做「姿勢回應」。

有一個實例：將一對親密朋友在談話時的情形以及身體動作用攝影機拍攝下來，然後用慢動作的方式放映出來加以觀察，結果發現兩人動作以及姿勢相同的程度，精密到以四十八分之一秒為一計算單位。另外也有實驗證明兩人姿勢會像照鏡子一般地相符合。

姿勢回應的發生，以面對自己心有好感的對象時，以及面對自己心中認同的對象時的這種場合占壓倒性的多數。相反地，當雙方各對對方抱持反感、話不投機、不想待在一起時，姿勢回應的現象就幾乎看不到。

反過來也可以這麼說，人類多會去模仿喜歡之人的姿勢，用相反的順序推敲回來，一個人藉由若無其事模仿對方的這個舉動，就可以在無聲中向對方傳達自己對他的好感。在這種情況下，也有可能會因此而引發對方心中對自己的好感。

Chapter 5.

以開放姿態引誘對方

——如果談得投機，就試著採取開放性的姿勢看看

當兩個知心的朋友在談話時，應該也都會注意到人家的姿勢都很相似才對。一般而言，當雙方姿勢一致時，這種情況多為雙方關係親密的狀態，除此之外，彼此多處於對等關係，而且會話大多是進行順利的。

再者我們知道，在一個團體之中，姿勢一致的同仁其想法及意見也多會一致，而當姿勢不一致的時候，就是同仁之間產生不和，彼此立場明顯不同的時候。難怪和自己持相同看法、相同意見的人姿勢會與自己相同，而意見不合的對象姿勢也就和自己會有所差異。

在使自己的姿勢和動作表現與對方相互一致的背景之下，應該就可以讓對方對自己產生好感，有著將自己贊成對方意見的心，傳達給對方知道的這種心理作用。

因此，當你和一個怎麼做也都話不投機、不管如何也都無法達成一致的人談話時，試著一邊刻意地說話，一邊模仿他的動作看看，相信會有不錯的效果。

如果對方歪著頭，托著腮幫子有所懷疑的說道：「是這樣子的呀！我真難以想像呢！」那麼自己也試著吸一口氣托著腮說：「但是呀！話雖如此……」如果對方換個姿勢、翹起了腿而坐，自己在稍過片刻後也採翹腿

的坐姿。如果對方撥了下頭髮，自己也用手撥頭髮一下（但是要注意這些舉動要若無其事做，不要讓對方注意到，這傢伙在模仿我，他是在譏笑我嗎……如此就變成反效果了。）

像這樣自己做出不經意——卻完全一致的動作回應，自己和對方的談話就會漸漸地合拍了。

於是，一旦話一投機，就要留意去採取那種手足微微張開、去採取那種全身放鬆的姿勢談話（開放姿勢）。因為開放性的姿勢不僅僅會給與對方開放、不拘束的感覺，也有讓談話內容的說服力馬上提高的效果。

Chapter 6. 不可忽視的同步行爲

——為什麼模仿姿勢和掌握人心有關呢？

大概會有很多人有這樣的疑問：為什麼單單僅靠姿勢回應，就會產生催促對方對自己心生好感，感覺親切的這類心理效果，並發展到可以左右對方心理的地步呢？

關於這一點，有一項實驗如下：

這個實驗是讓兩個彼此第一次見面的人交談一段時間，之後再予以詢問彼此對對方的印象如何。

事實上，這其中有一個人是為了實驗而安排的人，他被指示，在交談之中要一面地模仿對方的姿勢、動作，一面進行談話。也就是說，這是為了要比較結果而安排的一個一邊模仿對方、一邊談話的實驗。

這個實驗的結果，證實了下面意趣頗深的幾點——

・被模仿的人，完全沒有注意到對方在模仿自己。

・和沒有模仿自己的對象比較起來，自己會比較喜歡那個一邊說話、一邊模仿自己舉止或姿勢的人。

然後，更為有趣的是——

・除了對模仿自己的對象抱有好感之外，自己也會覺得這個模仿自己的人（實驗安排的人）對自己有好感。

換言之，不管有沒有注意到對方在模仿自己，在下意識裡自己對模仿自己的人就會心生好感，而且對方也會以好感來回報自己——這是幾乎可以確信的。

那麼，為何大致上會產生這些效果呢？其原因被歸為下列三點：

1．範例表現法的效用

大概有類似經驗的人就能理解，自己被他人模仿並不是什麼「壞事」，因為人們覺得自己被當做範本，是對方尊敬自己、喜歡自己的證據，自尊心會因而被滿足。

（除非你的模仿，十分刻意，這樣就會變成惡意演出的反效果。）

這種心理和上司與部下之間的情形是一樣的，部下模仿上司是對上司尊敬、有好感的表現，上司也絕計不會討厭。而且，甚至還會得到上司覺得自己看中這傢伙沒錯、這傢伙值得信賴的正面評價。

2．類似性的重要因素

就如同在前一章也有提到過的，人類有傾向、容易因「物以類聚」而被彼此吸引，對和自己類似的人會比較容易產生好感，會較容易選擇他做朋友。於是我們也可以了解到，和自己相似的程度愈高，自己對這個對象的好感程度就會愈高。

如同「物以類聚」這句成語所言，因同期、同業、同鄉、同年紀、同事、同窗等等因素而奠定人脈、派系基礎的例子是不勝枚舉的。不論相似的形式為何，縱使只是吃著「同一鍋的飯」，彼此之間的友情也會因而更堅實，心中結合在一起的力量也會更強烈。

3．表達贊同的效果

模仿也是表達「同意」的一種方式。藉由模仿某人舉止的這個動作，也可以讓對方知道自己的意見和態度與之一致。換言之，和自己抱持同樣意見的人，也會藉由動作相同，而產生的心理效用向自己回報好感。

有人說在會議進行中，一旦成員中最重要的一位人物拉出椅子，就可以開始聽到此起彼落地拉椅子所發生的聲響。這只不過是在藉由和重要人物行動一致的舉動，有意無意地傳達自己的贊同，也就是告知對方自己也有相同看法、想要藉此加深重要人物印象的一種心理表現罷了。

總之，在之前的實驗也有證實，大概很少有人會注意到他人正在模仿自己。因此我建議大家，即使是在普通的人際交往中，也可以藉由不經意模仿對方的這個舉動，來引發對方對自己的好感。

模仿在成功地掌握人心這方面而言，可以說是一個相當高超的心理戰術。重點是：你的模仿必須裝得若無其事，否則「畫虎不成反類犬」就畫成一大敗筆了！

Chapter 7.

讓對方了解你的期感

——如果對對方有所期望的話，對方會更加地奮發努力

從下面的心理實驗，我們證實了人類對某個人的期望是同好感一起存在的。

實驗的過程是讓未曾謀面的幾對男女，在看不到各別面貌的情況下用耳機和麥克風進行交談。這時，讓一半的男性看富有魅力之女性的照片（會讓男性有高度期待的女性），讓另一半的男性看不具魅力之女性的照片，並向他們介紹說照片之中就是接下來要交談的對象。

接著，實驗者錄下這種條件下的交談內容，並加以分析。結果得知，被男性認為充滿魅力，並滿懷期待地與之交談的女性，從第三者的角度來看，要比條件相反情況下的女性抱以更大的期待。換句話說，一旦男性認為對方女性是個很棒的女性，而滿懷期待地和她交談，這位女性也曾順應著對方男性對自己的期待感，而對對方男性心懷好感地交談。

這大概是在會話中會自然而然地回應期待感的緣故，換言之，自己對於對方所抱持的期待和希望，會自然地轉變成熱情和誠意表現出來，而對方也會因此而產生回應的心理運作。

在此，我再介紹一個可以證明這種情形的研究資料。

這是一個在美國進行的實驗，由這項實驗我們可以看到在面對心中對

自己有所嚮往的學生，以及心中對自己沒有期望的學生時，同樣一個老師的言行舉止上會有很大的差異。

結果就是當老師在面對一個對自己有所期望的學生時，大多數的老師都會在學生回答出正確答案時給與較多的稱讚，就算是回答錯誤時，他們也多會換個方式解說，多加暗示。

不止如此，由實驗中也更進一步地看到在姿勢、動作等等非言語的交流中，也有不同。在面對有所期望的學生時，教師經常會採取向前彎腰的姿勢，經常會有投以目光、點頭贊同、面帶微笑等等的舉止出現。

期待以及真誠，是一種會自然而然從言語、表情之間流露出來的情感。比如說，當自己真的十分困窘，而必須向人借錢的時候，就算是用電話的方式，在自己還沒向對方開口提到借錢一事之時，自己的低姿態也會些許地透露出自己的苦處，對方應該也會由此察覺出自己心裡的想法（動作、姿態和心情、言談相吻合的情形，我們稱之為自我一致性行為）。

另外，我聽到一位認識的老牌新聞記者談論著他的採訪取材竅門：「這沒什麼困難嘛！唯一的一點就是要仔仔細細地預先準備資料，如此一來，自己就會對採訪的對象抱持著興趣，心中也就會期待著會聽到如何有趣的話題了。」

一旦在言語或是動作的細微之處表現出期待的感覺，這種期待感就一定會傳達至對方的心中，而對方也會回應這個期待感，鉅細靡遺地應對交談，就連不曾告知過別人的事，也會「因為是你我才說的……」、「咱們只能關起門來在這裡說……」——諸如此類地坦誠自己。

相形之下，「不具期待感的對話」就只會造成負面效果而已。在被稱為義務性的結婚典禮上，不管如何地在未曾謀面的新郎新娘面前進行「願你們兩人能永遠幸福地生活著」的這類演說，它們也只會被當成是表面的形式、場面話來聽，既沒有說服力，也不會記在腦海裡。

此外，一個自己對他不太有所期望的部下，就算自己對他說「我對你的期望很高呢！」這類的話，也只不過是想要藉此得到好聲譽罷了，這種形式化、例行公事的善意表現，得到的多是冷淡的回應。其實本來真的沒什麼事，但在你做作地說出表面之詞後，對方卻因此看出了你的本意，而對你不再熱絡。

發自內心地對對方「滿心期待」——這是掌握人心的一個訣竅。

Chapter 8.

稱讚比指責更有力量

——令人稱羨的領導者都是「讚美高手」，沒有例外

東西方文化的差異，也可以在教育的方法中看出來，東方的教育中是教人要勸他人改正缺點，但在西方的教育中卻是教人要發揚此人所具有的優點，這就是其中的不同點。

東方人會想要把負面的部分或是不好的部分變成零，或者至少也要把它降低至「一般的程度」，但西方人認為有缺陷是沒有辦法的事，他們不會要人勉強地去改正它。由於如此，他們認為只發展其個性長處為宗旨來教育他就可以了。

換言之，我們可以說東方教育採用的是「你這方面不好，一定要改正過來！」的這種「減項法」，而西方教育採用的是「你這方面棒極了，請好好地加以發揮！」的這種加項法，也就是「期望法」。

一旦人對他人由衷地相信、期望著「他應該一定會做到才對」的這種可能性時，對方也就會拚命地照著這個期待去努力，事情也就會變得容易達成，這種現象在心理學中就稱之為「匹格瑪利歐效果」。

匹格瑪利歐是在希臘神話中出現過的一位賽普勒斯國王的名字。他非常擅於雕刻，結果愛上了自己創造出來的唯美女性雕像，於是他就不斷熱切地許下心願祈望讓這個雕像能成為活生生的人類。後來，連神也被他的

癡心給感動了，結果神就付予這座女性雕像生命，而國王就和這位女孩順利地結成夫妻，這段故事是這個用語的由來。

美國的心理學者洛貞泰爾，進行過下面這麼一個實驗——

首先是讓某一小學中一個班級的學生們接受平凡無奇的一般性智力測驗。在測驗之後，由級任老師告知：「這個測驗可以確實地預測學生將來的發展。但是因為還在研究階段，所以不能將其結果公佈，在此老師就僅僅說出幾位將來會有進步的學生的名字吧！」

當然，老師相信「這些位學生的成績會有增進」，而且實際上，也是如此地寄以期望。後來大約過了一年左右，該班學生全體再一次地進行一次智力測驗，而在之前被老師告知自己成績會有進步的學生，其第二次的智力測驗成績明顯地要比其他的學生高出很多。除此之外，不僅是智力測驗的結果，就連一般的學習能力以及學習意願也都提高了許多。

附帶說明一下，洛貞泰爾請級任老師告知「會有進步」的那些孩子，是從每五人之中信手選出來的一個，他們都是「平凡無奇」的學生。

換言之，向特定的學生表示老師對他們的「期望」，這些學生們會有極為敏感的回應，因為會不由自主地照著這個期望努力，結果就真的「有所進步」了。

然而，雖然這個實驗後來被指責為內容不夠完備、周全，而其結果也被認為並沒有如其表面所顯示，但儘管這樣，它還是充份地暗示出了下列的這種匹格瑪利歐的效果。也就是說，「如果受到對方由衷的信任和期望，自己會為了要順應對方的期望而努力，而有進步的可能性。」

人的才能之所以能加以發揮，開花結果，來自別人的「期望」是一個必要的因素，此外，「期望」也是掌握人心的一個十分重要的必要條件。

可以說自古以來能掌握人心的領導者、指導者，都十分地熟知和人打成一片，以及委任他人做事的方法，而且沒有例外的，他們全部都是——「稱讚他人的高手」。

Chapter 9. 出奇不意的沉默效果

——讓對方感到意外，而取得「空隙」的方法

在大眾面前演講這類的場合裡，有些時候台下的觀眾或是整個會場會有騷動、吵鬧的情況。這個時候，刻意地放低聲音說話、突然沈默一段時間的舉動，會發揮喚起眾人注意、提高眾人集中力的意外效果。

突然間中斷談話，會讓對方感覺「是不是有什麼不一樣的事發生了？或者有什麼不對勁的事就要發生？」而產生不安，變得緊張。對方也就會因此變得對談話的內容抱有興趣、關心了起來。

此外，會話進行中的沈默舉止，會讓在此之前的流暢會話中斷，造成「淤積沈澱」，所以反而可藉此加深對方的印象，來達到強調沈默前或沈默後之談話的效果。因為「不說一句話」變成了一種吸引力，它可以讓沈默前和沈默後的談話內容，漸漸地刻印在對方的內心深處。

比如說人們在聽演講、演說或者和他人說完話之後，對這些話的內容會幾乎沒有記憶，但是對演講者或是對方說話吞吞吐吐的部分，或是相互矛盾的部分，卻會記得特別地清楚。雖然這是一個不被希望發生的沈默及空隙效用，但是將此原理反過來用在好的一方面——在談話進行中刻意地停頓，應該就可以藉此吸引到聽者的注意，並加深其印象才對。

據說第十六任的美國總統林肯，在談話進行之中常常會停頓下來。一

旦說到最想告知、最想強調的部分，他會向對方挺出身子，凝視對方的眼睛一眼，然後沈默下來。或者相反地，在他剛說完想要特別強調的部分之後，他也會稍稍地留下一些「空隙」，略作停頓。藉由這種話前或話後的沈默和停頓，對方心中對這些重要部分的印象，就會變得更為鮮明、更加強烈了。

有很多的談話高手、演說高手都深知沈默和空隙的效用，並把這兩種技巧熟練地活用在會話和演講之中以製造出一種「真空狀態」，藉此來吸引眾人的關注和興趣。儘管談話的內容和結果已經知曉，但我們對那些一流相聲家所演出的經典段子「那一夜我們來說相聲」依然是百聽不厭，這是因為他們都是善用「空隙」的高手。

因此，比方說如果在會話進行中要說到重要部分的時候，假若你能先突然地中斷談話留下一些空隙，然後再開口說出：「其實……」的話，這句話的重量應該就會一下子增加很多才對。

「合時」、「騰出空隙」、「迷惑人心」——空隙和沈默是讓談話方法更為高超的重要技巧，也可以說是掌握人心的一個重要「小道具」。

Chapter 10.

「弱者」其實並不弱

——暴露自己弱點—試著訴諸情感也是方法之一

雖然不是美女與野獸，但這個世上還是有——

「什麼嘛！這樣男人竟然配這麼好的女人……」

「這傢伙，前世燒了什麼好香……」

「不會！她到底看上他的那一點……」

如此會令人想要這麼脫口而出的夫妻組合。這男的並非十分富有，工作能力、才幹也不是那麼的出色。在這麼一個其貌不揚，只看一眼就知道好像不太可靠的男人身邊，卻有如此般美目盼兮的美人依偎在側！

為什麼呢？雖然滿心的疑問，但這種令人羨慕的男子有很多時候大致「就是因為是如此，所以才受到女性歡迎」的。換句話說，他們就是藉由現在提及的這些負面條件去刺激女性的母性本能，讓女性覺得「這個人如果沒有我在他身邊的話……」而產生母性愛。

在心理學裡，當要說服一個人的時候，有兩種可行的方法——一是告知，提供對方多樣的情報、說之以「理」，而另一種是將結論表明，動之以「情」。如果前者是理性派，那後者就可以說是感性派。

因此，先前的實例很明顯地屬於後者。也就是說不怎麼樣的男性正好就是藉由他看起來不怎麼樣的這一點，去強烈地撼動對方所謂母性本能的這種感情。

「大眾在面對事情時，比較起用理性來下判斷，他們更會憑藉感情和情緒去做反應」——說出這句話的西德拉，不愧是徹底看穿大眾心理的一號人物。就如同有「同情弱者」的這句話存在一般，人類有容易受悲劇中弱小主人翁吸引，容易對其寄以同情，以及容易偏袒他們的傾向。這是因為感情總是戰勝理性的緣故。

在心理上，多愁善感的個性會比冷酷無情的個性更容易擄獲人心，眼淚就會比笑容更令人感動。

訴諸感情的舉止，容易在更直接的、原封不動的、單純的、不經理性查核的、無批判的情況下為他人所接受。因為「沒有理由」，所以可以無庸多言地擄獲人心。

反過來就掌握人心而言，我們可以說，理性派那種用理論和理由，除了讓人「佩服」的效果，很少會比得上像感性派所造成的令人「感動」的那種效果。

因此，吸引人心訣竅中的另一個方法——即是刻意地顯露、強調自己的「弱點」和「短處」，藉此直接地撼動對方的情感——可以說是十分地有效。比方說，你可以披露出自己的缺點「我今天睡過了頭，所以早上就遲到了，真糟糕！」或是「我的意志力比起你來差太多了，怎麼都無法把菸戒掉！」

也可以透露自己沒有原因的失敗經驗，來誘出對方對自己的安全感和親近感。試著故意地打翻茶水或咖啡，或是試著演出一副冒冒失失的樣子也都是可行之道。

藉由這些弱點及不致於令人討厭之缺點的自我坦誠，就可以動搖對方的銅牆鐵壁了。

另外，美國成功學家戴爾・卡耐基在他的著作中，也曾舉出下面這一段和銷售員有關的小插曲。

汽車銷售員為了要達到標準，其精神上會十分地疲累。因為如此，他對客戶的詢問和投訴都冷淡地應對，然而他察覺到這樣是不行的，於是就將應對的方法改變如下──「我是個生手。在此之前我曾犯下了好幾次的錯誤。因為這次說不定我又有了什麼誤解，所以請不要客氣地告知您發覺到的地方。」

雖然很令人難以置信，但真的僅僅因為這個改變，就讓客人為他謙虛的姿態感動，向他買了部車，不僅如此，這位客人還介紹其他認識的朋友來向他買車。這位銷售員所說的那番話，用專業的角度來看就等於是放棄宣言，可以說這就是「哭著懇求」。

然而，這樣子低聲下氣、留有餘地、毫無防備的姿勢反而緊緊地糾著對方的心弦，大大地搖撼著對方的心。另外，採用了推的招數猛烈地進攻，之後再一下子好像脫離時空似地突然間低聲下氣、放低姿態的這個時候，這種變化是最容易產生效果的了。

在「推」的動作之間，也要穿插「拉」的動作，「拉」的這個動作也就等於是吸引對方的心，就吸引人心而言，「拉」可以說是一個不可欠缺的要訣。

Part 3

人心誘導術

Chapter 1.

學會放下的身段

——用「休息」和「忘記」來加強說服之心理效果的火力

再怎麼優秀的一流投手也會投出壞球。縱使他的技術、體力、精神全部在飽和狀態，一個球季下來也會有幾次的低潮期。擅於轉換這種時候之情緒的選手，才會大有成就。

相反地，拚命只會鑽死胡同而無法自拔的人，充其量也只能說是一個不成熟的選手罷了。

可以快速地轉換心情，大概就是指可以迅速地忘記不好的結果以及好的結果的這種情形吧！一場比賽結束了，馬上「忘記」也可以說是一流選手所必須具備的首要條件。

不論是在生意上也好、在人際關係方面也罷，這個「健忘」技巧在心理學上都具有十分有效的功用。譬如說在怎麼交涉、勸說都沒有絲毫進展的時候，一旦先把這件事忘記、放著不理，留一段冷卻期間之後，再開始重新交涉，就會令人訝異地簡單達成協議。

這是一種被稱為「假寐效果」（SLEEP效果）的左右人心技巧。在說服他人的場合，這個技巧的說服效果並不會馬上呈現出來，它要在經過一週或二週之後（有時也會有經過三週或四週的。這個期間的長短只有靠經驗來推算）才會有效果顯示出來。

這個假寐效果就是經過一段時間之後，人在心中會漸漸地把說話的內容和自己對說這些話之人的印象分開，而把這些話當成是單純的情報資訊來思考、接受。通常我們人在聽他人說話的時候，也會同時地接收一些和說話內容沒有直接關係的情報，像是說話者的動作、表情等等。

因為這樣我們對不值得信賴的人所說的話，會怎麼也無法信任，對印象不好的人所說的話，會容易把它聽成是不太好的話。印象會擾亂客觀的判斷，這是理所當然的事。

然而，伴隨著時間的經過，這種因印象所產生的「污點」（矇蔽判斷的烏雲）就會慢慢淨化，關於和說話者有關的種種情報，就會漸漸地和說話的內容分隔開來。到了這個階段，人就可以純粹地對這些說話內容予以冷靜的判斷，當然也就可以判斷當時的話是否正確了。

因此，當第一次給了人不好的印象，或是無法說服他人，交涉失敗的時候，不要就此放棄或是強行硬幹，先保留一段冷卻期間後，再一次地試著和對方接觸，就會有效果產生。藉由假寐效果的幫助讓自己說話的說服力增加，這次應該就可以把對方拉往自己的節奏、步調才對。

就誘導人心和掌握人心而言，「休息」和「忘記」也是必要的技巧。

Chapter 2.

以退反進的誘導方法

——用自信滿滿的YES，來造成心理的震撼

有位做房地產的仲介，因為有客戶看中了附近的一塊土地，於是到了地主的家裡進行交涉。儘管他盡可能地表現出誠意，口口聲聲，「無論如何請賣給我吧！」

如此地懇求多次，而那位六十多歲的老地主就是頑固地不肯點頭。即使他一味地勸告著老地主非賣不可：「這樣子的土地，你留著也沒用，不如趁現在有人要把它賣掉，何況對方出的價格還不錯呢！」但老地主的回答始終是「ＮＯ！」

因為這樣，接下來仲介公司的老經驗經理，就親自出馬去交涉。雖然面對這種情況的老地主，也是擺出一副強烈拒絕的姿態，但經理從另外和之前那位仲介完全不同的角度，開口說出了下面的這番話：「的確，像這樣的一塊好土地，不想脫手也是理所當然的事，我看我明天就去叫買主放棄，選別的地方吧！」

結果聊著聊著就告辭了。後來老地主反而輕易地讓步，「叫你們那個經理來！」和他們連絡說他可以賣掉這塊土地了。

一旦試著由心理方面去追究這位地主的突然改變，大概情況是下面這樣子的吧！恐怕這位地主對自己「絕對不賣」的判斷並沒有絕對的自信。

換句話說，可以賣的想法，在他心中也占有不少的比重，他對自己「不要賣」的這個信念也有些迷惘。

但是，因為受到仲介公司的「請賣給我」如此一面倒的催促，而老地主的迷惘卻又依然存在，所以他只有讓自己表面的態度更加地強硬了。這就好像是在北風的吹襲下，旅行人的身體會挺得更直一樣。

然而，那位經理說出了一句「這是一塊好土地」，這句話著實地肯定了自己已經動搖的信念。而後頭那句「明天就去叫買主放棄，選別的地方！」馬上給對方施加了迫切時效的壓力了。

因為自己的判斷、信念，受到了仲介公司經理積極地肯定，所以自己也就會去相信這個信賴自己的對象——這就好像受到太陽溫暖照射的旅行人，會想要脫去大衣一樣。

人對於無法客觀判斷的事，以及對自己的判斷沒有自信的事，會想要把他人的經驗、行動，當做是自己客觀判斷的基準與材料。

這就是美國社會心理學者菲士坦加所提倡的所謂「社會性比較過程理論」，人在對自己的看法、判斷沒有自信的時候，理所當然地會去積極地參考接納他人的看法、判斷。

很少有人會對自己的判斷抱持著絕對的自信。因此，藉由這個「社會性比較過程理論」的靈活應用，刻意地以毅然的態度、自信滿滿、斬釘截鐵地說「YES！！」或是「NO！」就可以對對方造成強烈的心理衝擊，還有可能會因此讓對方的判斷基準修正過來。甚至也會產生對方對你的判斷力十分信賴的這種結果。

Chapter 3.

既知效果與限定效果

——把對方帶入自己的步調
——掌握主導權的心理談話技巧

在此，向各位介紹一些可以在不知不覺中將談判對方引入自己步調，誘導對方心理的談話技巧。

方法之一就是頻繁地使用「就如同你所知道的……」這句話，來封殺對方的疑問和反論。「就如同你所知道的，佛洛依德對人類的這種行為，做了以下的心理分析——」或者「由前日的新聞報導，各位已經充份地了解到……」等等，用這種說話方式來開口說話。

在說一件事的時候，賦與它「這不用為你再多做說明」如此眾人皆曉的前提，並把它當做是「這你之前就已經知道」的既定事實而形成共識。

縱使事實上對方「毫不知情」，就算其實對方對此相關訊息含糊不清也沒有關係。我建議您就把它視為昭然若揭的真理，用一副理所當然，本來就是如此的語氣說出。

一旦這麼做，對方因為自尊心的緣故，事到如今也不會說出「不知道」或「不太清楚」這類的話。縱然他或許對你說的內容持有疑問和反對看法，也會陷入十分難以啟口提出疑問和反論的心理狀態。最起碼，它有讓反對的矛頭不再鋒利的效果。

以前也會有聽到企業中堅份子的新進員工們在一起議論的機會，但當時就聽到其中一位員工對持反對意見的對手說了一句：「這是一項不需要再另行解釋的事實，就如同你所知道的，根據××新聞的民意調查，回答支持此論點的民眾占了全部的四十五％。由這個數據我們也可以清楚地了解到……」等等，我對這位員工有效地使用這個「既知效果」感到十分地佩服。

尤其，他這種明確指出調查數據，然後將自己論點「既知化」的做法，可以說是非常的具有效果，對方好像不太知道這項調查數據似的，在我印象中，後來他對這位員工接下來說出的論點就變成難以招架，再也無法辯駁了。

以前政府勸導民眾不要抽菸，只會說：

——抽菸會妨害身體健康。

現在可是下了猛藥：

——吸菸會導致口臭、口腔疾病，二手菸會使胎兒異常早產。

——吸菸會導致肝臟疾病、肝硬化、性功能衰退、陽萎……

另外，在會話之中使用「限定效果」也很有效果。

在各大百貨公司的週年慶，三C用品的各家廠商的特賣會等場合中，都會使用「全面五折，只有三天」或是「限定前一百名顧客」等等這類的廣告企劃，會都有這種限制時間和數量的宣傳文句，這些也是利用「限定效果」的一個例子。

因為這種宣傳手法的實行，民眾為了避免趕不上這個限定條件，就會想要儘快行動。因為心裡覺得一旦趕不上這些限定條件就會有某些損失，所以很容易會連不想要的東西也一併買下。

因此，一旦利用這個「限定效果」——「今天我是抱著最後一次機會的心情來的。如果不成的話，我就會去其他公司報到」或是「其實會員的名額就只剩下最後一個了，你不要把握這最後的機會入會嗎？」等等，委婉地下達「最後通牒」，對方之前的強硬態度就會有所軟化了。

Chapter 4.

人都會朝被期待的方向走

——如果賦予一個人地位，
他就會為你變成「和此地位相符」的樣子

人一旦被賦予了某一地位或被置身於某一立場之下，即使放著不管他，他的行為也會變得和此地位、立場相符，在這種情況持續之下，他也會產生與此地位、立場相配合的能力，所以根本不需要太擔心！

當然，如果單僅給與地位及身分的話，並不能只靠這樣就變成那類的人，因為本人還是要為配合該身分地位的能力、樣態下一番努力的。

這個現象一旦以心理學的角度來看，就可以用所謂「對社會評價的擔心」這一觀點來做說明。

換句話說，人類在面對周遭人寄予自己的期望時，會擔心自己是否果真是與此期望相符的人，會為他人對自己有何評價而感到不安。因而這種擔憂就會變成是一種強而有力的動機力，驅使著自己朝著「看似那樣的人」的這個方向去邁進。

因此，被賦予某一地位、身分、角色的人，會採取與此相符的行為模式，行為舉止會變得和他人期待的地位、身分、角色相彷彿的類型是當然的事，俗話說「居移氣，養移體」——正是這個道理。

有件事可以用來說明這個論點的「小插曲」。

第一次大戰期間，據說在英國的軍隊裡貴族出身的士官其死傷率特別的高。他們因為害怕自身的社會地位、社會評價受到污損，所以比一般人更加地勇敢，身先士卒地往最前線衝。

他們用這些舉止來盡自己的義務（noblesse oblige——特權擁有者所應擔負的義務），來守住貴族的地位以及名譽。

縱使對某個人抱著「他到底能不能勝任這個職務呢」的不安，如果你還是毅然決然地試著把某一程度的地位或職務交給他，結果會是如何呢？

結果是，他會不自覺地照著這個被賦予的期望去努力，說不定後來他不只會自然地具有「類似」的行為模式和能力，而且還發掘出之前一直被埋沒的才能。

除此之外，對於這個賜予他機會的你，他大概也會抱持著感謝和敬畏的心吧！

Chapter 5. 迂迴作法建奇功

——愈是昭示自己意見，就愈會有反效果產生迴力棒效果

軟硬兼施好說歹說地拚命說服，結果這小子竟然離家出走了……家中有麻煩青少年的父母們所擁有的共同煩惱就是：「到底要怎麼做，才能夠順利地勸服孩子呢？」雖然熱心地加以勸說，但愈是勸說，卻讓對方的心離得愈遠——這是常有的事。

如果只是不能順利地說服對方那就算了，但有時候甚至會因為自己的勸說而讓對方表現出完全反對的意見和強硬的態度來。如果變成這種局面，那真的就不知道自己的勸說，到底是出了什麼問題？

這種造成負面效果的勸說，不僅僅存在於親子問題之間，這是一個在某些勸說場合中也會發生的奇妙現象。

雖然考量要如何勸說才會成功是件大事，但是，預先了解為何勸說會無法成功也是很重要的。

當想要努力說服對方，想要改變對方態度及想法的時候，對方的態度和意見反而會朝著和勸說者完全相反的方向，而產生變化的現象，被稱為「迴力棒效果」。所謂「迴力棒效果」的由來，是源自於澳大利亞原住民打獵時所使用的一種投擲工具，它會劃成一弧曲線般地朝投擲的人飛回來，這工具就叫做迴力棒。

愈是不停地勸說對方，對方的態度就愈強硬，結果只是讓他對他自己的看法和意見更為堅持硬化，而使他站在和我們的對立面，把他趕到了與我們相對的另一邊。愈是強烈地昭顯出自己的存在和能力，對方對自己的印象就愈差。

不但善意轉變為災禍，而且災禍還會加倍衍生。

那麼，這種「迴力棒效果」是在怎樣的情況下發現的呢？

一、如果自己順應對方的勸說，該對手很明顯地就可以因而得利，或是很明顯地就會對自己造成不利的時候。

二、一旦對方在勸說之中夾帶著刻薄的言語或是刺激的攻擊，讓自己感到不舒服或是痛苦的話，絕對不被他說服的這種抵抗心就會強烈起來。譬如說當自己在勸說的時候，如果對方相當難以說服，自己很容易就會在不知不覺中，變得情緒化而成為是在謾罵或責難對方，因為這樣，對方的拒絕態度就越發強硬了。

三、一旦限制了對方可以選擇的答案，他對那些剩下的、不能選擇的選擇就會覺得更具魅力，如此一來就會很難去順應自己提出的條件。這是一種「觸犯戒律，觸犯禁忌」的快樂，人對於被限制、禁止的選擇，會變得更想要去選擇它。比如說，一旦在平常限制小孩子不可以吃某種糖果，不管什麼時候只要讓他選一個可以吃的糖果，他一定會選被限制的那一種；因為Ａ、Ｂ是被禁止的，所以不論怎麼地說服他去選擇Ｃ和Ｄ，他還是會相當地無法接受，Ａ或Ｂ對他造成的吸引力還是會變得較為強烈，人類對愈得不到的東西會愈想得到。

四、在向對方表明了自己的意見之後，一旦後來推翻了這個意見而站在反對的立場對他進行勸說，對方會覺得「下不了台」，反而會變得不得不堅持著自己已經公開了的意見。

根據上述幾點，我們可以知道有下面這幾個方法，可以避免讓對方產生迴力棒效果。

首先的大前提就是要以對方的利益為優先。在其中，可以試著將第三項的要因反向利用，試著故意對「Ａ」這個自己想要對方做的選擇加以「限制、限止」，並勸對方選擇「Ｂ」。如此一來，對方就有可能會反而告訴你說，「Ｂ不行啦，如果是Ａ的話，我還可以接受。」

為了和人的交流能順利進行，為了將對方誘導至自己的步調，不妨將此吸引人心的竅門記在心裡。

Chapter 6.

「我」與「我們」的不同效應

——巧妙地刺激「我們意識」來進行心理誘導

說到要左右對方心思，將對方誘導至自己相同步調時的技巧，馬上會浮現於腦海中的就是吹捧、拉抬對方身價，以及阿諛奉承。如果能夠善加應用這些技巧的話，就可以增加刺激對方自滿、自尊的效果。

但是一旦這些技巧使用不當時，就反而會造成反效果。因為一旦確實地讓對方看出你只是表面地在讚美他，只是為了想讓他採納自己意見才這麼做，他會把這些當做是諂媚和阿諛，只會對你產生不良的印象而已。因此，下面這幾項高明的技巧就變得十分必要。

一、不要一面地當一個好好先生，只會一味說「好、好」，要一面指出對方話語中的問題點，一面地向對方提供自己的意見。

二、預先調查對方的看法和立場，在對方說出來之前，自己先主動地指出，並與以讚揚。

三、「這個意見棒極了，但是這方面……要特別注意」等等，使用這種「八分褒獎、二分貶低」的方法。

但是，像下面的這類情況是非常微妙的。

這是一個在美國當地兩所盛行足球的大學內，以一般學生為對象所進行的一項實驗。首先用某種方法，使兩校學生們分成自尊心驕傲感低下、以及自尊心驕傲感上升的兩組。然後在舉行足球比賽的數天之後，一一地對各別的學生做電話訪問。

在各式各樣的詢問提出過後，再若無其事似地詢問受訪學生「你覺得前幾天的足球比賽結果如何？」

結果，在自尊心受傷，驕傲感降低的這一組大學生之中，贏得了比賽的人和輸了比賽的人比較起來，前者在電話訪問的回答之中使用「我們」這個詞彙的次數變多起來。而在自尊心被提高的這一組大學生之中，則顯現出了與此恰恰相反的情形。

換言之，自尊心受挫的大學生們，會想要藉由再三使用「我們」這個詞彙的方法，在下意識中強調自己和勝利團隊的一體感，然後藉此來恢復失去了的自尊心。反過來也可以說，他們想要靠著勝利團隊的光榮洗禮，來增加自己本身的自尊心。這種心理作用不叫森林浴，而是被稱之為「光榮浴」與有榮焉。

在現今這個「富饒的社會」下，收取驚人高額入會費的各種健身俱樂部或高爾夫會員證以及度假村會員證等等也有很好的銷售成績。其實很多人加入以後，使用的次數並不多，跟本就不划算。

儘管如此，加入會員的人還是很多，這大概是因為他們想要藉由「進入高級人士生活圈」的這類行為，來讓自己沈浸在這種光榮裡，來滿足自己自尊心的這種所謂「光榮浴」的心理在作祟的緣故吧！

當在說服對方，想要左右對方心理的時候，使用這個光榮浴作用，「你能來我們公司實在是太好了！我十分相信、期待你的能力！」或是「在我們的手上尚有一些想要解決的問題……」用這種說話方式，應該就可以有效地鼓舞地對方的自尊心才是。

Chapter 7.

有效利用私人領域

——用「侵入私人領域」的方法，來給對方心理一個衝擊

小學的時候，在使用雙人課桌的場合裡，小學生會在桌子的正中央劃一道線，「不可以超越這條界限」如此地和隔壁的小孩發生爭執——這種經驗相信有不少人都曾有過。不論是誰，都會有和此類似的所謂「私人領域意識」存在。當然，雖然這個意識一般人自己本身並不是知道得很清楚，但是「我的範圍」的這種情緒，不論是誰都會下意識地抱持著。

有些人會在辦公桌的周圍堆滿如山的書籍和資料，好像圍起一道柵欄似的。這麼做，當然會有阻絕掉他人視線的作用。而且，縱使非常雜亂，一旦別人想要幫忙收拾，他會十分地厭惡、不高興。這些行為可以說就是典型的「這裡是我自己的領域」這種拉繩定界的行為。

另外，在咖啡廳等場所裡面對面相向而坐的時候，也可以去注意一下對方咖啡杯及水杯的放置位置。這些雖然都是暫時性的，但有很多細處都可以發現自我領域界限之分隔線形成的蹤影。

這類用障礙物來明確劃出自我領域的行為，就是一種不僅想要和他人在空間上，連在心理上也想要保有一段距離的表現，就是一種想要回絕對方的訊號。反過來說，去除掉這些障礙物的行為就可以說是向對方敞開胸襟，表達出自己善意以及承諾的一種暗示。

因此，如果要向對方表達自己的善意和信賴，只要將表示私人領域界限的障礙物從眼前除去，讓自己處在原本沒有界限的狀態之下，善意和信賴的傳達就可以因此順利地進行。

相反地，利用這個私人領域，在初次會面交換名片等等的時候，若無其事地「侵入」對方的私人領域，給予對方心理上的壓迫感，也有可能會因此加強他對你的印象，讓他隨著交涉的進行，一步步地被導入你的步調之中。

此外，叫對方到自己的公司或自己的辦公桌面前，在自己領域範圍內進行交涉或溝通交流的這種作法，可以將對方誘往對自己有利的方向去。

其實，像這種巧妙應用人類「自我領域意識」的心理誘導方法，我們可以說不論是誰都不自覺地在使用著它。如果你可以靠著意識，刻意地去應用這個方法的話，你就已經是個心理學專家了。

Chapter 8.

移動的私人空間各不相同

——如果將空間心理計算在內的話，就可以給對方一個深刻的強烈震撼

要怎麼做才可以利用人類具有的「私人領域意識」，也就是那種「私人空間不想受到他人侵犯的人類恆久性的欲求」，來加強對方對自己的印象，進而提升自己談話內容的說服力呢？

在空間心理學的討論之中，最重要的一點就是Personal space（私人空間）的概念。雖然直接翻譯是叫做私人空間，但它並不是一個固定的空間，它會隨著人類肉體的移動而移動。換言之，它可以說是人類一直帶著走的領域範圍。因此，Personal space（私人空間）的別名也被叫做「Portable Space」（攜帶型私人領域）。

譬如說，在滿座的捷運車廂之中，會讓人覺得呼吸困難、喘不過氣，一旦他人和自己距離得十分接近，就會有自己行動自由受到限制的感覺，這不僅僅是由於在身體方面和人緊緊貼在一起的緣故，這也是因為在心理方面認為私人領域被他人入侵了。

換言之，私人空間也是「得以擴大自我的一個空間」，也可以說是「不容許」被他人入侵的最極限範圍。因此，當這個固有的私人空間得到保障的時候，人會感覺安心、自在。相反地，一旦這個空間被他人侵入，人會立即地感到不安，變得不快。

雖然這個私人空間存在於任何人的四周，不論是誰都「帶著它移動」，但它範圍的大小會因性別、因人的不同而異，甚至即使是同一個人，其私人空間在不同時間、不同場合之下也會有所伸縮。

比方說，男性的私人空間範圍會比女性要來得大，大人的私人空間範圍會比小孩大。再者，個性內向的人其私人空間的範圍也會比個性外向的人要大得多。

私人空間的大小，也會隨著和對方的相互關係而有所變化。就一般而言，在面對親近的人，個性相似以及看法、意見相同的人時，私人空間的範圍會縮小，而在面對討厭的人，要費心思的人，或者不得不和對方一起談論無聊生硬之話題的時候，這個私人空間的範圍就會擴大。

此外，一般來說，看得見的前方的私人空間範圍會比較大，它是以身體為中心呈現出橢圓的形狀。

因此，當和對方的私人空間相接的時候，如果是和個性內向的人來往，就要多少有些保持距離的意識，如果對方是個個性外向的人，就要越發地接近他說話。因人的不同去改變和人相處的距離，很有可能會就此動搖對方的心，給予對方強烈的印象和衝擊。

在隆冬之際，有一對在山中遇到大風雪的刺蝟因為太冷而凍僵了。雖然牠們也想要將彼此的身體依偎在一起來相互取暖，但是只要一靠得太近，彼此的刺就會把對方弄傷。然而，一旦身體分開，這次就無法挨過寒冷的侵襲。

這就是有名的「山難中的進退兩難」，如果平常就保持著可以解決這種困境的絕妙距離，在這種時候，再採用「又讓對方受傷，又讓對方寒冷」的技巧（忽而侵入對方的私人領域、忽而遠離），也就可以掌握，誘導對方的心理，給與對方一個難忘的心理震撼。在人際關係之中，不可以忘記在平常就要預先將空間心理計算在內。

Chapter 9.

要掌握主導權就要先學說「NO！」

——利用毅然決絕的NO！來展開有利形勢的智慧

二十世紀最熱門的話題，應該就是「波斯灣戰爭」吧！雖然波斯灣戰爭最後是以多國軍隊這一方獲勝而劃下句點，但這個戰爭的後半期已經轉變為美國對伊拉克，更深入一層的說法，就是已經轉變成為布希對薩達姆・海珊的戰役了。

雖然戰敗了的伊拉克總統海珊，其聲望暴跌是理所當然的，但是在此次戰爭中也有更加引起世人注目的事，那就是美國總統布希的果斷態度。美國總統布希在面對海珊階段性表示要停戰的妥協提議時，果決地持續以「NO」做回覆，這個舉止特別地加深了正義的美國、強悍的美國在世人心中的印象。

當然，因布希總統的「NO」而受到最大之心理震撼的，一定就是對手的薩達姆・海珊了。

相形之下，對於「不會說NO」的某些人，其優柔寡斷的姿態也全然地顯現了出來——這些姑且不論。那麼在交涉過程及人際關係之中，開口說「NO」的效用到底在哪裡呢？

第一、藉由反覆不斷說「NO」的這個動作，不管願不願意，對方都不得不繼續他的談話。一旦對對方提出的條件，用「ＮＯ」來予以拒絕、否定，對方為了要說服自己（下樓梯的心態），就會非得再提供更多的情報、再提出其他的方案不可。

如此一來，對方必然會不得不出示手中的其他籌碼（讓步），而其內心的真實想法，也會容易浮出了表面。

這個「ＮＯ」效用，我們來回想一下，當年海珊每次的提案只要被布希總統回拒，他就會再妥協、再後退一步的過程，就可以清楚地明瞭。

第二、就是在最初明確地說「ＮＯ」來表達反對、不贊成的意見，然後改變立場、表示贊成的人，通常都會比那種一開始說「ＹＥＳ」後來才改成「ＮＯ」的人，更能得到他人善意的評價。

因為從一開始就「我也有同感」、「我完全贊同」如此表明自己無條件贊成的人，很有可能被人看做是個「好好先生」而被輕視，或者是被人懷疑是否有何企圖或是在玩什麼手段。

第三、就是在反覆說「ＮＯ」的同時，會變得能夠客觀地去判斷問題，整理問題，也會較容易找到解決之道。

這種情況下的「ＮＯ」，可以說具有爭取時間，或是保留時間的效果。換言之，這和人窮於應答或是要逃避立即回答的時候，會一邊採用「嗯……這個嘛！」或「我得先想一想……」等等曖昧、含糊的回覆，一邊思考對策的情況是相似的。

只要有效地利用說「ＮＯ」的效果，就可以讓對方的心理動搖、讓人際關係及交涉依自己的步調進行，引導對方，掌握這個主導權。

Chapter 10. 主場優勢的魅力

——製造地利 讓自己立於心理上之優勢的方法

有關私人領域效用，在美國也進行過下面這麼一個實驗——

其他學生（因實驗目的所聘僱的人）到住宿生的房間進行訪問。換言之，一個人以訪問者的身分侵入對方的私人領域，而另一個人以私人領域之領主的身分來接待這位訪問者。

結果如何呢？

一、兩人意見一致的時候↓和房間主人比較起來，訪問者的話會較多，在兩人同時間發話的情況下，房間主人多會讓訪問者先發言。也就是說，在話題或事情進入友好發展的場合裡，身處於自我領域的領主，其心中會產生對對方讓步的從容心態。

二、兩人意見分歧的時候↓正好與前者的情況完全相反，房間主人的話會比訪問者要多，在兩人同時發言的情況下，房間主人會壓制訪問者的發言，自顧自地說話。也就是說，在彼此態度或意見分道揚鑣的場合裡，私人領域的領主會對訪問者展現其權威，掌握主導權，讓事情朝著對自己有利的方向進行。

反過來說，置身於他人領域的人，會產生不得不尊重對方意見，不得不順從對方意向的心境。

不論如何，就力的關係來說，私人領域的擁有者都是處於優勢的地位，握有主動主導權，而對方這個進入他人領域的「訪客」則是不得已地被置於劣勢地位，不得已地安於被動的立場。這就是在教我們當處在自己的私人領域時，就可以產生「地利」的主場優勢。

在棒球比賽中也是如此，和外來球隊比較起來，地主球隊占地利之便，獲勝的機率也比較高。還有「在外一條蟲，在家一條龍」的小孩子，只要一回到自己的家裡，就會從一隻寄居他人家中、行動拘謹，忐忑不安的貓，變身成為一條得了水的魚。這是因為在自己的私人領域中舉止動作大搖大擺、毫不畏懼，一言一行中充滿自信、從容不迫的緣故。

在與對方交涉，要說服對方的場合，或是想籠絡與自己對立的難纏對手，以及想要事情依自己意思進行的種種時候，只要將對方帶往至自己家中、自己公司、自己常去的酒館等場所，應該就可以產生十足的「地利」條件！也就是擁有主場優勢的條件。

在這樣的私人領域內，自己的言行舉止、種種印象所帶給對方的影響力及心理衝擊，應該會比其他的場所要更為強烈得多。

Part 4

人心掌握術

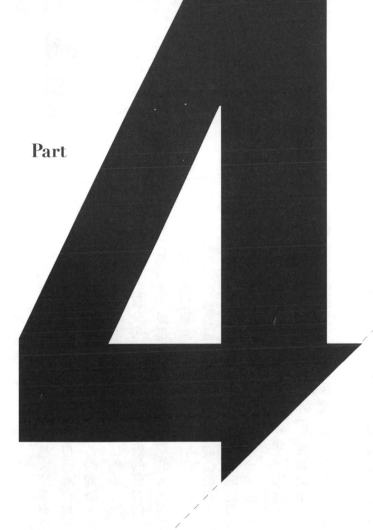

Chapter 1.

必須尊重對方的立場

——如果能令對方消除隨時待命的附屬感，就一定能贏得他的信賴

說到「等人」與「讓人等」，相信大家都有以下的經驗吧！

1・應徵時參加面試，或是和比自己社會地位還要高的人見面，超過了約定的時間，對方仍未出現，在等待的同時，心中難免會感到不悅，但大部分的人還是會想：「這也是沒辦法的事。」

2・在百貨公司的賣場或是在餐廳的櫃台前，如果讓我們等待的是有求於我們的人，或是身分地位低於自己的人，這時我們就會毫不保留地直接表達個人的憤怒：「搞什麼東西！」

之所以會造成這種差別，主要是取決於在人際關係的角力場上，誰占有優勢的地位。在⑴的情況裡，占有優勢的是對方；而在⑵的情況裡，占有優勢的則是自己。

也就是說，一般人會認為，處在像⑴那樣的情境下，去等比自己更「強勢」、更「偉大」的人，乃無可厚非之事；但反過來換成⑵的情境，則會不以為然地想，對方憑什麼「傲慢怠忽」、處於有利地位的自己必須等別人呢？

雖然同樣都是「等」，為什麼兩者在心理上會造成如此大的差別呢？這點我們可藉一種稱為附屬效應的心理效果加以說明。大體而言，當

人在等待時會覺得難受，其中的原因之一就是會產生「自己受制於人」的心理。一般人認為：讓人等的人的時間比起等人的人的時間來得有價值；讓人等的人所處的立場較有利，也代表其握有權力。

以下的圖式將令讀者更了解這種關係：

等待的人＝弱者、地位卑下的人；讓人等的人＝強者，地位高的人。

在這種關係裡，讓人等的人握有權限，可任意左右等待者的時間，讓自己處於優勢，而等待的這一方則因為自己不得不聽從對方，致使心理蒙上一股「屈辱」的感覺。

如果，現實人際關係的角力競爭與圖式相吻合的話（亦即讓人等的是「偉大」的一方），那結果將如前⑴的例子，大部分的人都會「無可奈何」地忍受下來；可是如果實際的情況剛好與圖示相反（等人的是「偉大」的一方），那結果就會演變成⑵的例子：「什麼嘛！憑什麼要我……」一般人可能馬上就火冒三丈了。

將這種附屬效應的心理應用在日常的人際關係裡，確實找得到一些方法，足以強力地影響他人的心情，例如：出席會議或約會時刻意遲到、搶先提出碰面的時間、總是慢條斯理地接聽電話、聽見敲門聲也不馬上答應……等，或許有人這樣做，並不是特意地想營造自己的優勢，但卻很有可能讓對方印象深刻。

可是，不管立場為何，讓人傻等基本上就是一種失禮的行為。絕對不可神經大條地讓人總是在等你。即使今天等你的是你的下屬或地位比你卑下的人，你也應該禮數周到地表示歉意，或是更高招地以幽默、不著痕跡的方法，消解對方的「附屬感」（亦即消除自己的優越感）。

譬如，你可以說：「我這個人的行事原則，總是將最喜歡的東西，留到最後才來享用！」或是「我總把真心話留到最後再慢慢地說！」能夠這樣為他人設想是十分重要的。

相信對方一定會覺得「這個人真是了解他人的『難處』啊！」進而心存感激，相對地自然就會對你付予百分之百的信賴及認同感了。

Chapter 2.

投資與回報

——互不相欠的平等關係才是贏得眾望的祕訣

所謂的投資、投機，就是投入一定的金錢或勞力之後，期望得到「回報」的一種行為，且得到的「回報」愈多愈好。

在我們日常生活的人際關係裡，也會有類似的投資行為，希望能自別人處得到回報，我們就拿每年年終的賀禮當例子好了。如果對方送禮給我們，純粹只是為了感謝平日的關照，並不指望收回任何好處，這時我們當然會很高興地接受對方的好意；不過如果收到的禮品是包含企圖及要求的（對政治人物施以賄賂，或送超大紅包給上司等），這時送禮者反而會在我們心中留下不好的印象，得到適得其反的效果。

有一項心理實驗就是利用撲克牌遊戲，來探討人與人間收受行為上的心理反應。在遊戲進行中，特地安排被實驗者節節落敗，致使他手中的籌碼（遊戲結束後可換取現金）越來越少，然後再由其他的競爭對手（事實上此人乃實驗者事先安插的暗樁）借給他十枚籌碼。在借的同時，又順便附上一紙契約書，明定彼此借貸的權益，而此封契約書中的內容則共有以下三種變化：

(1) 事後需加上利息，歸還借欠的籌碼。

(2) 遊戲結束後，借多少籌碼就歸還多少。

⑶ 這些籌碼當做禮物送給借方，沒有歸還的必要。

然後實驗者再藉由這三種契約來觀察所有被實驗者的反應，結果發現第⑵則契約的條文最容易為人所接受。也就是說，一般人最喜歡的還是互不相欠的平等關係。相形之下，⑴和⑶的條約內容就比較不受好評。⑴是給人趁火打劫、敲竹槓的感覺，相反地；⑶是雖然完全不要求回報，卻反而帶給人欠人「人情」的心理負擔，致使一般人敬而遠之。

所以，由這個心理實驗我們發現，在相互授受時，不可要求過多或過少的回報，最好是贈與的與收回的剛剛好抵銷，「五十對五十」，這樣才能令彼此萌生最大的好感。

因此，像有些上司成天嘴裡叨念著：「推薦你晉升到這職位，我可是付出很多的努力啊！」拚命地催討人情；或是以升職、加薪為手段，對部下做出不合理的要求或是施以性騷擾；有時反過來，可能是部下走後門，送上司一些高價的禮品，希望藉此獲得升遷：或是某些女性妄想用情人節的一盒巧克力去釣到一名金龜婿——以上所說的這些情形，都可稱之為對人抱有「不當的期望」，都算不上是「健全的投資」行為。

畢竟，互不相欠的平等人際關係，才是贏得對方徹底信賴的基礎啊！

Chapter 3. 胡蘿蔔與棒子

——用一邊「白臉」、一邊「黑臉」的兩面戰術籠絡對手的心

電視上有關刑警辦案的節目，常常可以看到這樣的搭配組合：其中一位是雷厲風行，以嚴謹態度查案的警察；另一位則是性情溫和，不忘在審問時對嫌犯曉以大義的勸說者。

通常前者那凶狠的角色往往由年輕警察或長相兇一點的來扮演，而後者的好好先生則由人生經驗豐富的老鳥刑警來擔任。

在這種所謂「白臉和黑臉互審」、「軟硬兼施」、「褒貶並行」、「強弱齊攻」的兩極交互審問下，被審問的人在心理上的極度震撼，往往會因此而被挑起。換句話說，在強勢與弱勢的交互作用下，犯人將會變得不知該做何種反應，致使他無法再繼續堅持一貫的態度。

數年前，巴拿馬的獨裁者諾利亞克將軍逃亡至該國境內的梵蒂岡大使館，尋求政治的庇護。十天後，諾利亞克拿著一支牙刷和一本聖經向圍守的美國駐軍投降，於是一場挾持大使館的恐怖事件終告落幕。以頑強聞名於世，連哭泣的嬰孩聽到他的名號，都會害怕地馬上閉嘴的強人，為何會自發甘願地束手就縛呢？據說原因就出在梵蒂岡大使荷生・拉波爾巧用「硬」、「軟」兼施的戰術，將他說服的。

首先施以「硬」的戰術，告訴他很多獨裁者都是在逃亡途中，莫名其

妙地就被暗殺，接著是墨索里尼失勢後，被人民凌遲致死、刑求於市！「難道你想跟他的下場一樣嗎？」、「如果你肯投降的話，說不定巴拿馬政府會承認美國軍隊的管轄權！」

另一方面，又對他動之以情，施以「軟」的手段。譬如讓諾利亞克的女友打電話給他，勸他投降；還有幫他的房間裝冷氣；連晚餐都讓他和大使館內的所有官員一同用餐。

在軟硬招術都施展過後，荷生大使並沒有對諾利亞克說：「所以你應該這樣做！」相反地把最後決定權留給諾利亞克本人，告訴他：「接下來你自己看著辦！」結果諾利亞克臣服地說：「就照你所說的做吧！」心甘情願地接受軍法的審判。

這種兩面說服術的要領有三項——

第一、在強硬的說辭裡要摻點少許的威迫。荷生大使不經意地向諾利亞克暗示其將被暗殺及凌虐的可能性，間接地對他施加壓迫。同樣的情況下，如果直接強勢地威脅對方，雖然可以引起他的注意，使對方危機感倍增，但相對地，在說服時所遭遇的阻力及反抗也將更強更大。

「沒想到你是這麼個不明事理的人，我要和你絕交！」

「絕交？太好了！我正求之不得呢！」

像這種耍狠威脅的挑釁話語，只會陡增對方的反感，造成他人的反彈，對談判真是一點幫助也沒有。

在這個時候應該說：「我是害怕將來吃苦受罪的是你自己啊！」採迂迴戰術，讓對方感受到輕微的壓迫感，這樣比較能增加自己的說服力。

第二、採用軟性說服法，藉以博得對方的友善及信賴感。如果能善加應用親切、禮遇、美食款待的「迎合行動」，使雙方的關係圓滑，不那麼劍拔弩張，相信就有機會使敵人的意志軟化，願意接受勸服。

相較於北風的凜冽，太陽的溫暖反而使旅人脫下了外套。所以就是要用對方法，才能融化對方堅硬的心。

第三、最後的結論要讓對方來決定。讓對方自己做主的方法，不但可讓對方恢復理性；尤其是當對方原本的看法與己方的說詞完全相左時，這樣的方法會特別有效。

這種「忽而白臉，忽而黑臉」的兩面作戰術，不只是為政者在支配民眾時，慣以操作的技倆；就連在日常生活中，想要說服、控制他人時，也可活用這個方法。

Chapter 4. 善加運用肢體語言

——就這麼個小動作，就能使溝通時的情勢發生「逆轉」

你是否有類似的經驗？由於遭遇的對方是個談判高手，所以雙方的角力戰總是按對方的步調進行。雖然你也很努力地想要奪回情勢的主導權，但偏偏對方卻不是省油的燈，總是在你提出己方見解時顧左右而言他，輕易地把話題叉開，然後再滔滔不絕地陳述他自己的意見。就這樣，談判演變成以對方的步調在進行，到最後對方就拋下一句：「今天時間已經很晚了，就到此結束吧！」於是就輕鬆地把你打發掉。

類似上述的談判場面，你根本就不可能取得主導權。

這時你千萬不可驚慌，不妨先用下列的方法截斷對方的話鋒，先將敵人的步調打亂再說。

1・將手上舉，做出壓制對方出聲、發言的動作。

2・加大自己的姿勢。將原本趨前傾聽的身軀忽然挺直，或是改變叉腿的坐姿，這些方法可不經意地打斷對方的步調。

3・在聽對方說話的時候，或是假裝在聽對方說話時，刻意做出一些與談話內容毫無相關的動作。比方說，拿出行事曆，隨意地翻看；或是叫來服務生，請她換一杯水等。之後，再試著向對方說：「真對不起，請繼續說下去。」這樣就能達到效果了。

4・假托正當的理由離開座位一下。譬如告訴對方說：「我忽然想到得回一個電話」，或是「我去上一下洗手間」等，以這些理由，暫時離開現場，擾亂對方的呼吸。

尚有一種玉石俱焚的方法：不迎合對方的視線、不點頭表示認同、不做出和對方相同的姿勢，用這些方式也會讓對方的步調停緩下來。

此外，在不引起對方反感的限度下，反駁他的言論，而將這些相反言論，清楚傳達給對方——

5・將身體往前靠向對方，凝視對方的眼睛後再提出相反的意見。也就是說讓你的身體語言清楚地反映出：「我可是光明正大地提出不同意見的喔！」的訊息。如果這時聲量能配合著略微提高也是不錯的方法。

6・在反駁對方言論前，需先用動作表達出你的不以為然。例如，目光游移、雙臂交握、突然正襟危坐起來、停止點頭等動作，都可令對方察覺到你對他的說法不表贊同。如此一來，就可使對方知所節制，不再滔滔不絕地講下去；更令對方做好心理準備，願意傾聽你所提出的相反意見。

藉著以上所言的動作、姿勢，一旦對方的心理優越感被消除，整個場面的氣氛將會全面改觀，說不定你還可按照自己的步調將對方說服呢！

Chapter 5. 我也不是完美的人

——藉著透露自己的缺點，使別人提高對你的信任度

提到廣告，更令我想起有一類「誇大型廣告」，也常成為眾人討論的話題。這些廣告非要以「絕對不會故障」、「百分之百清除頑垢」等口號來誇大強調超越產品真相的功能。不過，反過來想，正因為是廣告，所以才會光只強調產品的「美味可口」，而避談不良的一面。

在人際關係上，相同的心理作用也常常發生。竭盡所能地想不讓對方知道不利於自己的條件和缺點，我想任誰都懷有同樣的心理吧！

可是，如果能擅加利用這份心理，率先坦白那「不可告人之祕」，將會使談話內容的說服力大為增加。

「這個產品是比其他公司的產品貴了點，但相對地，在使用的便利性上絕對是無人能敵！」或是「個性衝動是我的缺點，不過這正足以表明我這人十分坦率，不會花言巧語地對待別人。」

在一開始先給對方負面的情報，這可產生如疫苗接種般的「免疫效果」，對方將以相當寬大的心胸來看待你所提出的缺點。不僅如此，之後提到的正面優點將會讓對方產生更深刻的印象，特有的長處和賣點也將變得更有價值。

以上所說的是一種稱為「接種理論」的心理技巧，由心理學者馬克蓋

爾所提倡。

假設，與人應對時沒做這一道預防接種的手續，只一味地隱藏自己不好的一面，萬一有一天被對方發現了，對方會心想：「連這麼大的事都瞞著我，真是令人無法信賴！這個人難保還有其他的缺點呢！」於是對方將對你抱著不信任感，壞印象也大幅增加。

但是，若能事先就一五一十地告知對方自己不好的一面，即使在後來這個缺點顯露了出來，卻因為對方已完全接受你的解釋，首先心態上就不會發生動搖。

總之，只要能令對方感受、滿足於你解釋缺點的誠意，自然就能令他對你產生好印象。

Chapter 6.

讓人感激的自我評價做法

──給予對方超過自我評價以上的報酬，就可引發他的幹勁

曾有人做過以下的研究，去調查報酬與工作績效之間的關係：

有一份兼差的校正工作，首先讓應徵者先試校一小部分，藉以了解工作的內容及份量，然後再請應徵者本身為自己的酬勞估個價（也就是做自我評價）。

然後依照個人的報價，分兩種方式付予酬勞。一種是付給等額的酬勞（與應徵者的期望完全相符）；另一種則是付給加倍的酬勞（超出應徵者期望以上的過剩報酬）。而根據工作結束後所做的調查，可以確定領取「過剩報酬」的人會認為：「（正因為領取的報酬很高）這份工作非常的重要。」

不僅如此，這些這麼認為的人，挑出錯誤的準確性也比較高，連帶地工作的熱忱、工作的品質也明顯地比較卓越。

得到過剩報酬的人，對於得到比自我評價（自我估算值）更高的酬勞會感到滿足、自尊心上更是十分受用。因此，為了配合那麼高的評價，他們在工作上會出盡全力；尤其他們會判斷地認定：對方願付給我這麼高的薪水，可見這份工作必須十分嚴謹的進行。

某位節目製作曾在接受訪談時說到：「要邀請一位特別來賓時，在剛

開始要先壓低價錢，然後在實際支付酬勞時，再付給較高的金額。」

也就是如下法泡製：如果表演者要求的出場價碼是一萬元，你就要還價地說：「基於經費考量，頂多只能支付七千」，讓對方接受。然後，當天在演出之前，再告訴他：「加上車馬費」或「為你再爭取一些……」，酬勞將多增加三千元。

這樣做，比起一開始按照對方的要求支付一萬元，會更令對方多生一份感激之情。雖然結果都同樣是支付了一萬元的酬勞，但後者卻使演出者提升了對工作的熱忱。

這是一項巧妙的心理戰術，藉用非「過剩」的酬勞卻使人相較下，產生了得到過剩酬勞的心理。真不愧是名製作人，深諳人性三昧啊！

從以上的例子我們也可了解，即使實際上並未付出「過剩」的酬勞，也能使過剩報酬的效果產生。只要活用「看來比較多」的心理戰術，就能使自以為接受了過剩報酬的對方，將你這位委託者認定為：「給自己高度評價的人」，而全盤信賴於你了。

Chapter 7.

不同性格的人要用不同策略

——視情況變換方法，才能提高說服力的效果

人的個性千變萬化，因此面對說詞所生的反應也因人而異。假設有一百個人的話，就會有一百種不同的反應產生。因此，光只知道一種說服法就妄想適用於所有人，引起同樣強烈的效果，是不太可能的事。如果能按照不同類型的人，隨機、彈性地改變自己「說服的基調」，才可能達到說服的效果。

在此，就為讀者介紹相應於各類性格的人心說服掌握術。

1．自尊心強的對手

這類型的人對於被他人說服的自己會起嫌惡之心。尤其當自己愈是詞窮的時候，愈會執著於個人那份微妙地驕傲，心想：「憑什麼我得照你說的去做？」他的自尊心不容許他被人牽著鼻子走。

因此，在說服這種人時，一定要有技巧地誘導對方，讓他覺得最後做出結論的是只有「我」才行。談到重點時，適時地提供「這邊」手上現成的資料和線索，將會有不錯的效果。

2．重視情報的對手

這類人覺得情報愈多愈好，只有掌握確實的情報才能感到安心。所以在與其談判時，儘可能摒除個人的主觀和意見，不斷地給予客觀地資料及情報將會比較有利。

與這類對手交鋒時，與其費盡唇舌想說服對方，還不如「搬出」所有正確的數據，更容易達到說服的效果。

3．想像力豐富的對手

沒有必要將你的說詞全盤托出，只要點出重點即可。以此為「餌」，剩下的就讓對方自行推斷、理出頭緒來。所以只需靜候佳音就可以了。

4．十分果斷的對手

這種人總是憑著最初接收到的情報，就可以輕易地驟下結論。所以最好是不斷地提出佐證，不讓對方有喘息的機會。談話時採取從頭至尾一氣呵成的建議方式，就連促迫對方下決定時，也只給「YES」或「NO」

的二選一答案。咬著牙一舉攻堅說不定會有一百分的效果！

5．神經質的對手

這種人關心的範圍很廣，只要是與問題相關的情報，他都滴水不漏地想蒐集起來。說服時，適時地吊吊他的味口，並且按照順序將整件事的來龍去脈說清楚，就會達到一定的效果。記住必須謹守「起承轉合」的順序，慢慢地透露更詳盡的情報，逐步添加一些新鮮的題材。

這種作法將挑起對方「想要知道更多」的慾望。

6．三心兩意的對手

碰到這種人，一開始就要明確篤定地先做出結論，然後再向他說明個中原委。亦即談話時要改以「起↓承↓轉↓合」的順序，以積極、斷定的語氣進行說服。其次，這類型的人也十分容易受到輿論、流行的影響，因此只要對他說出：「這個是現在最流行的商品喔！」或是「不表贊同的只有你一人而已！」之類的話，讓他感受到周圍人的眼光，包管說服的效果馬上就加倍。

Chapter 8. 沉默也是一種語言

——暫時中斷談話、強烈地突顯自己

在社會各行各業有很多傑出人士，並不是科班出身，有些甚至在大學途中就休學了，連個畢業證書也拿不到！

就連心理學上，也有類似這樣的原理存在。那是一種稱之為「知覺殘留的效果」，主張「對人而言，未完成的行為比起完成的行為，更容易讓對方留下印象。」不論是誰，總是特別記得沒完成、未解決的事，因此相對於「既決」之事，「未決」給人的印象較深，對心理的影響也較大。

例如，有史以來職棒轉播最為球迷詬病的就是：每當看到緊要關頭，大家手心冒汗的時候，電視就會打出「休息一下，進廣告」的字幕，暫時中止賽程的播放。這時觀看球賽的球迷難免會覺得有些氣惱，甚至還會怪罪電視台和播報員，不過事實證明：就是由於這片刻的中斷，反而讓這場球賽在我們的心裡留下十分深刻的印象。

如果球賽是從頭到尾一直播放，一個平常的鏡頭可能引不起我們的注意；但卻可能因中途的停頓，使得我們對這個畫面的印象加深，同時會想更進一步地知道接下來的發展。已經完成事物的記憶通常被歸類為過去，但未完成的行為及做到一半的事，卻因為尚未沈澱，致使一直留存在我們的心裡。

這個例子或許不太恰當，卻多少有相通之處。例如，長久以來一直被頻繁的惡作劇電話所騷擾，有一天忽然這電話不再打來了。在此情況下，我們可能會覺得鬆了一口氣，但同時心中又難免臆測：「這到底是怎麼一回事呢？」而覺得怪怪的。

如果在工作場合上，對方對我們所說的並不感興趣，一副心不在焉的樣子，這時你就不要勉強地再說下去，不妨談談一些與工作無關的話題，例如：「今天我還要去做一件其他的事……」等，讓談判暫時中斷一下。如此一來，很有可能對方原本已萌芽的興趣會因此而得到強化，下次反過來由他先提起這件事也說不一定呢！

以前在報紙上的連載小說等也經常應用類似的手法。作者絕不會一章就讓讀者「看過癮」（也就是精彩處不會一次就解決掉），總是在每章結束時，特地安排下一個伏筆，讓讀者對故事的新發展懷有想像，產生繼續讀下去的興趣。由此可見，「引人遐想」是使對方印象、興趣強化的不二法門。

Chapter 9.

人人都有被期待的潛力

──如果受到矚目，就能引發「前所未有的爆發力」

有位棒球好手，在職棒開幕戰，被指定為示範的頭號打擊手。在這場比賽結束後，他曾發表以下的感言──

「說實在，第一球真的是超級好球，但我卻因為（開幕戰）太緊張的緣故而無法出手。後來的球我原先判斷應是偏向本壘板外側的外角球，沒想到球竟衝著內側飛來，能打到這一球，我也不知是從哪裡冒出的力氣，真是太幸運了。」

在備受全國球迷矚目的職棒開幕賽，擔任先發打者一職，理所當然心裡的壓力和緊張絕對是非比尋常，但在此情況下，這位選手卻發揮了「連自己也不知道的潛力」，成為一位了不起的打者手。似乎成為一流選手的先決條件之一，就是要懂得利用緊張及壓力，藉此使自己的集中力提高。

當自己的工作或言行被他人注視時，任誰都會感到緊張。只要一有人注意到我們，我們就會開始擔心是否自己已經成為大家品頭論足的對象，連帶地也會開始在意別人評價的好壞與否。於是在這份在意的趨動下，我們的意志得到激勵，動機和鬥志變得高昂，工作的績效也大幅提升，這即是所謂的「觀摩效果」。

像剛剛這位選手這一類的人，在面對壓力時表現得十分頑強，他們能成功地將緊張感轉化為高度的集中力，使前面所謂的觀摩效果產生良好的影響力。

通常當我們意識到被人觀察、被人注意時，心中各種困惑、恐懼、害羞等不安情緒就會被喚起。雖說這種因社群引發的不安，其程度因人而異，但隨著不安的程度愈高，人的注意力就會愈渙散，對工作的妨害也就會愈大。

不過有時卻正好因為情況如此，反倒使當事人不得不提高鬥志，抱著完全沒有退路「拚死一搏」的決心。

這位選手在被注視的時候，那種社會性不安及在意別人評價的煩躁也會襲上心頭，可是他卻反將這些情緒化為激勵自己奮發的力量，進而使注意力能高度集中，提升了工作的成果。

所以如果碰到類似這位選手這類能頑強應對壓力的人，不妨刻意地向他說：「這次計畫的主腦人物可是你唷，就全倚仗你了！」或「這件事除了你之外再也沒有更適當的人選了，你可別讓我失望！」藉著類似的話語使對方的緊張感升高，於是在注意力集中的情況下，就能引發出他「連自己都不知道的潛力」。

可是如果碰到的是在「觀摩效果」影響下會退縮的人——也就是說這類人在他人的視線下反倒無法如常表現，可能連實力的一半也發揮不出，這是屬於「牛棚場稱霸」類型的，這時你就不要太去注意或是干涉他，只要明確地交代說「拜託你了，這案子下星期一要完成。」讓他獨自一人埋頭苦幹、按部就班地去做，自然他的能力也會充分地發揮出來。

Chapter 10. 飽足感的效應

——「邊吃邊談」的說服術效果出乎意外地好！

美國小說家雷蒙特・卡瓦書名叫做：《不算什麼但大有幫助》。

我們姑且省略故事的細節，直接描述最後的一幕：場景中，中年的麵包店老闆請一對剛剛痛失獨生愛子的夫婦吃自己親手烤好的麵包，並且告訴他們說：「悲痛的時候更要吃東西！」以及「這麵包不算什麼，卻對我們的人生有幫助」藉由這一幕，作者告訴我們：吃東西這件事，對活得很痛苦的人而言，能產生很有效的幫助。

雖說這是作者特意營造的小說高潮、感人畫面，不過就心理學的觀點看來，「吃」確實對說服人心有十分顯著的效果。假託吃飯順便說服別人、提出請求，不失為一緩和人際關係的好方法，這也是一般人常用到的談判術之一。而心理實驗也已證實，一邊吃飯、一邊交涉，確實能使說服的效果提高。

譬如，分兩種情況向別人提出：「人類想有效控制癌症，恐怕還得花上至少二十五年」的看法。第一種情況是在請對方吃飯時提出，另一種情況則是不請對方吃任何東西。結果發現，會對談話內容表示贊同的，屬第一種情況的人較多。

人在吃東西的時候，會放鬆對周遭事物的警戒心及緊張感。甚至會對對方產生親切感，心胸也變得寬大起來。也就是說，在吃東西的時候人會突然變得「馴服」起來，使得面對說服時的抗拒力減弱，很容易就聽信了對方的說詞。

第一次約會或是與初認識的人交談，在這種場面會產生羞怯、忐忑不安的緊張感，我想任誰都曾有類似的經驗，這即是在面對對方時尚懷有戒備心的證明，原因就出在還沒跨過藉著「今天我請吃飯」，來拉近彼此距離的階段。

「一人吃一半，感情不會散」，同桌吃飯，分享相同的食物，可以增進人與人間的親密感，使人高度意識到彼此互為一體。

當對方總是不肯點頭的時候，不妨提出如下的建議：「你啊！都這麼晚了？我們邊吃飯邊談好了！」或「先吃飯吧！有事吃飯以後再說！」

藉此先將對方引到酒肆飯館，總之先勸他吃點東西，如此一來自可解除對方的武裝，這時再來說服他就會比較容易了。

說不定對方也會因為這份「飽足感」，而進入有求必應的心理狀態，並把你當做是足以信賴的夥伴呢！

Part 5

人心操縱術

Chapter 1.

先貶再褒的心理作戰

——特意地放出「好的風聲」，就可逐步有效地收買人心

最近食安問題，一直是社會上民眾所關心的大問題，同時也暴露出政府的無能，接二連三的大廠都成了問題廠商，而未浮出枱面的也弄得人心惶惶，最可怕的是，明明沒問題的，也搞成烏龍事件變成問題廠家……

不論是誰，只要碰到與自己切身相關的事，其神經就會變得特別敏銳。而他人的小道祕辛，更是多數人十分感興趣的話題，是大家茶餘飯後的「佐酒小菜」，因此也難怪八卦雜誌或是小酒館裡的馬路消息、流言蜚語，總是漫天飛舞了。

而且所謂的「只在這裡講的話」，通常都不會只傳到「這裡」。謠言及流言一定會在周圍擴散開來，然後遲早有一天會傳到當事人的耳朵裡。有時很有可能因為無心地洩密，而導致失去朋友的信任或客戶的合約。所以千萬得把「流言最後一定會傳到當事人的耳裡」的這個鐵則，銘記在心裡。

而有一種心理戰術就是專門應付這個定則來達到收買、操縱人心的目的。也就是巧施手段，特意地讓「好的閒話」傳到特定對象的耳裡。

例如，在與特定對象的親信友人一同喝酒時，刻意製造聊天的機會，然後不著痕跡地說出「好的閒話」。可以邊說的時候邊強調：「這些話希

望你不要跟當事人提起……」或許效果會反而更好也說不定。

於是透過第三者，好的閒話到最後一定會傳到當事人的耳朵裡。一旦對方了解到：「喔！原來那小子是這樣說我的啊！」他就不會再對你抱持著反感了。

原因很簡單，根據「善意回報論」來做解釋，就是對方體認到你的好意並且回報於你。不僅如此，流言讓你不用直接表達你的善意，對方就會對你產生信賴感，不用碰面，就有可能強烈地影響他人的心情。

總之一句話，利用謠言可以達到「遠距操縱」人心的效果。不過如果想讓這「遠距操縱」的效果施展得更好的話，還是得懂些小技巧才行。也就是說，不單只是「好的閒話」而已，一味單純地讚美人是不夠的，有種方法能讓謠言散布地更有效率。

心理學者亞羅森及琳達，曾做過這樣的實驗。讓被實驗者聽到與自己相關的謠言，而謠言的內容實驗者已特地設計好幾種版本，然後再調查被實驗者，詢問他們對說自己這樣閒話的人，心中的印象如何。

那四種閒話的版本是這樣的——

1．自頭到尾一直稱讚對方，說的全是「他真是受人喜愛的人」、「非常有魅力的人」或「令人覺得很愉快」等這些好聽的話。

2．自頭到尾不斷地嫌棄對方，說什麼「真是惹人厭」、「是最討厭的典型」之類的話。

3．一開始挑惕對方，說他「不會說話」啦、「不好相處」啦，或是「資質平庸」等等，然後才改口像⑴一般地讚美對方。「不過，這傢伙也很可怕，他做事相當有毅力，同時也比別人努力！」

4．一開始讚美對方，但後來卻予以抨擊。

在這當中，被說閒話的當事者覺得給他最好印象的是像⑶的閒話；相反地，讓他感受最差的是像⑷那樣的閒話。

由此可知，與其一味地讚美阿諛，倒不如先批評再讚美才會給人更多的好感；即使不斷地詆毀也比不上先稱許後責難給人的印象更差。

第⑶種方式之所以深得人心，主要原因是最初的詆毀，幫整個談話內容增加了可信度和客觀性。相較之下，讚美的內容就更加鮮明了。

因此，如果這麼說：「他那個人一旦決定了就聽不進別人說的話，確實滿頑固的……可是就責任感及可靠度而言，實在沒人比得過他。是屬於人品不錯、最值得信賴的那一類！」

善加利用先貶後褒的心戰技巧，相信一定能達到最好的效果。

不過有一點要記住，批判的題材最好是無傷大雅的事。太過正面尖銳的批判，即使最後再怎麼讚美終將「大勢已去難挽回」。如果能留心這一點，將不只能利用謠言間接地操縱人心，甚至可收推波助瀾之效呢！

Chapter 2.

兩面手法的心理作戰

——應用兩面呈示法就可隨意操控腦袋好的人

比起論調曖昧不明，明快地直陳重點較容易得到好的說服效果；而結論清楚明確也較容易取得他人的認同。而讀者大概會想：這是理所當然的事，還用你說嗎？

不過，若我們依據教育程度來做區別將會發現，對教育程度高的人而言，有沒有說出結論都沒有差別；反倒是對「知識水準較低的人」，越是明快地下結論越是能夠說動他們。

當我們明白地提示結論，井井有條地陳述重點時，站在被說服一方的角度來看，或許會心想怎麼都是你的意見，感覺上好像自己硬被「壓迫灌輸」而心生反感。尤其思考、分析能力愈好的人，這種感受就會越強烈。越是想要擁有個人看法的人，碰到他人硬要把觀念推銷於自己，所生的反彈就會愈大。

因此，碰到知識水準高的人，只需提供做判斷的資料及情報即可，給對方感覺下結論的是他自己，這樣得到的說服效果將會比較好。

其次，提到要給予的資料和情報，面對知識水準高的人，必須應用所謂的「兩面呈示法」才會有效果。「兩面呈示」講的就是針對某個問題，同時提供正面及負面的情報供對方參考。

例如，在促銷商品時——

「這項新產品老實說它的性能較之從前並沒有多大的改變，不過針對耐用性與安全性這方面來說的話，它可是劃時代的產物，絕對比其它品牌更加『堅固耐用』。」

就這樣，把產品的優缺點先清楚地條例出來，至於最後的決斷則交給對方來做。

不要只講一個特定的主張（意見），應同時把相反的主張（意見）也例舉出來。多方思考，從各個角度將足以判斷的資料完整的呈現在對方面前，然後讓知識水準高的人自以為「這是我自己的想法、這是我自己下的判斷」，如此才能令這些人的自尊心得到滿足。

不過如果碰到的對手是低學歷或是知識水準低的人，就得反向操作了，只需展現好的情報及商品的優點給對方知道就夠了。

對一般人而言，這種「片面呈示」的說服法比較有效，可以確定它可使說服力大為增加。

Chapter 3.

神來一筆的心理作戰

——「突如其來」的讚美，可以迎合人想要被注意的心態

書評或藝文評論者都有一項不成文的規定，那就是「八分褒，兩分貶」。就品評人物而言，「讚美」與「貶抑」採八二分法來調整內容，應該也會比較恰當吧！不過，千萬要記得先貶後褒這個竅門，這樣做才能令對方產生好印象，連心理學也已證明事實的確是如此。

可是，讚美也有所謂時機對不對的問題。如果讚美他人的時機抓的不恰當，恐怕還會讓對方誤解，以為你別有居心。所以，在這裡我們要向讀者介紹，對掌控人心大有幫助的「拍馬屁」祕訣。

例如，在酒酣耳熱之際或是在乘坐電梯的時候，本來聊的是別的話題、這時突如其來，好像臨時忽然想到地插上一句——

「說到這裡讓我想到，上次你寫的那份營業分析的企劃書，真是太精彩了，讓人不得不刮目相看！」

「你總是穿戴著品味不凡的襯衫與領帶，真令人佩服。」

「啊，對了！我想起來，上次碰到總經理時，他還稱讚你年輕有為、幹勁十足呢！」

「最近劉經理好像已經提出退休的申請了，那天董事長還和我聊起你的工作情形呢……」

像這一類可能連本人自己都忘光，再也想不起的陳年舊事，你要裝作好像「突然想起」的樣子，不經意地發出讚歎。

如此一來，對方心裡一定會想：「這個人一直以來都在觀察我，連這麼小的細節都注意到了！」或「沒想到他會這麼地在意我；」比起被稱讚，「有人注意我」這件事會令他更加地高興。也因這番讚美給人十分強烈的唐突感，所以對心理的衝擊將是超乎想像。

若能善加利用這種「突如其來」的讚美，相信對於掌握人的心理及行動應該會大有幫助的。

Chapter 4.

說對方想聽的心理攻勢

——誘導對方按照你所想的去做——高級的拍馬屁戰術

「拍馬屁是不用花錢的，不過大多數的人卻會大買馬屁的帳。」這是十七世紀的聖徒湯瑪斯・佛拉所講的一段話。

不管是故意或是無心，凡是試著想要得到他人的好感而採取行動，在心理學上都稱為「討好」或是「迎合行動」，而戴高帽和拍馬屁就是其中的一項行為。

或許在有意識及無意識上有所差別，甚至喜歡和討厭的程度也因人而異，不過整體而言，人經常做出戴高帽及拍馬屁（當然即使要做也不可太過露骨、諂媚）之類的迎合行動。基本上，一般人也不討厭這份他人的讚美（有些人表面不說，心裡可是爽透了）。

馬屁如果拍得不得當，不但得不到他人的稱許，有時甚至會造成反效果；可是如果將阿諛的技巧運用得宜的話，不但對人心操縱、說服上有所幫助，在人際關係方面更可發揮潤滑的效用。

關鍵在於要不經意地，不引人反感地「吹捧」對方。

據說，拿破崙這個人是最討厭別人拍馬屁的。但有一天當他聽到：「陛下您真是對拍馬屁此舉深惡痛覺啊！」這句話時，竟也自然而然地龍心大悅。反正啊，只要有本事使出像這般高度的拍馬屁技巧，相信任誰都會十分受用吧！

那麼，到底戴高帽及拍馬屁會對人的心理會產生何種影響？而使用這些技巧的人的心理又是如何運作？而在稱揚他人時得要注意哪些重點？

1‧藉著吹捧對方使對方的自尊心提升。「真不愧是行家，聽你這一解釋，我的腦袋就清楚多了！」我想被這樣稱讚而覺得不舒服的人應該沒有吧！不過，如果對方高爾夫球打得很差，你還說他：「揮得漂亮！」明明對色彩很遲鈍的人，你還去讚美他領帶的顏色，這樣即使對方被稱讚也不會覺得高興吧，反而會覺得心裡老大不痛快。所謂的戴高帽，首先要讓對方知道：「我可不是隨便講講，我可是有品評他人的能力的！」

因此，把門外漢、初學者譽為專家或大師、不考慮現實地胡亂稱讚一氣，只會讓對方的心理產生負面的印象，這一點可千萬要記住！

2‧「我也是這麼想！」以上即為一種附和對方意見的拍馬屁法。如果，碰到對方正憑個人意志，自由做出裁決的場面，再加上對方又是一個十分重視人際關係的人，這種附和的拍馬屁法就頗能派上用場。

只是即使同樣是附和對方意見，在對方還沒說出之前就率先陳述贊同的看法，要比起對方說出後再表認同，更讓人領你的情。也就是說事先表態的拍馬屁效果會更大更好。因為在對方表明意見後才點頭附和，不免讓人懷疑你是「別有居心」。

因此，事先就應對對方的意見、態度做一番了解，然後再由自己這邊率先表露相同的意見態度。如此一來，對方對你的印象肯定會大為加深。

3・一般而言，戴高帽、拍馬屁這種行為抱持的心態應是「以對方為目標而努力」，也就是說，在積極稱揚他人的同時，顯得自己總是績效不足，於是會督促自己朝對方的境界邁進。所以心理上的運作方向呈現的是把自己推向他人。

4・可是，也有另一種反向操作的方法。亦即藉著貶低自己、表示謙讓，相對地就，可讓對方處在較為優越的地位。例如，告訴對方：「我真是什麼都不會！」或是「我這個人真是一無可取啊！」等，讓對方覺得自己比較優秀，心情就會舒暢起來。這種方法就是所謂的「拉攏馬屁術」，讓對方把自己的無能當做安慰，藉此取得他的歡心。

其他要注意的還有戴高帽及拍馬屁的內容必須有一定的可信度，要讓對方覺得：「這番讚美的話是衝著我說的，只有我才有領受的資格。」若想擅於讚美人，輕易地用馬屁術「操控人」，就得記住這項要點才行。

將不合理變成合理化的心理效果

Chapter 5.

——「不當」的命令也能令人服從——究極的人心控制法

人類有時明知自己的行為不當、不合理，但如果這個行為是受到「擁有正當權威的人」的命令及指示，那麼人類就會將自己的行為正當化。

例如，二次世界大戰時，虐殺無數猶太人的納粹黨員，很多人並不認為自己有錯，還會為自己的罪行提出辯解，犯下罪惡的人們，就是利用這種心理效應，將自己「非行」的錯誤轉化為正當行為。就前者而言，給予自己行為正當藉口的絕對權威者是希特勒。

此外，多年前曾經發生的鴻源事件，那些榨取殘弱老人棺材本的營業員們，或許心中也曾懷著「欺騙老人家」的罪惡感，但轉而一想：「可是剛開始我們公司的利息也很高啊！」於是在此藉口之下，也就將自己的行為正當合理化了。

姑且不論這種行為「對錯」與否，不過至少在這些人的心理，其思想的轉變是如此運作的：「不錯，我是做了不合理、不人道的事。可是，這是因為我所得到的命令就是如此不合理、不人道，我只不過是奉命行事而已。因此，假設有一天得接受社會的制裁、道德的譴責，也應該是我的上司而不是我。」也就是說，當人類隨著絕對權威者而起舞時，其思考邏輯也將隨之而起發生轉變。

這種心態就叫做「服從心理」。

心理學者米魯哥拉罕曾做過以下的實驗，來確認「服從心理」確實存在。這個實驗令人恐怖地發現，善良的群眾很容易為冷酷的命令所驅使而照著去做。

在實驗中，被實驗者擔任教師的角色，在授課時有一名學生（其實是預先安排的內線）提議：如果有誰答錯問題的話，就得被施予電擊的處罰。而且隨著犯錯次數的增加，老師所下的電擊處罰，就得更重才行。

隨著實驗的進行，被實驗者（教師）在監控的壓力下，不得不漸漸地加高電壓的流量。當然，這時被一再處罰的學生會表現地十分痛苦，看到這種情形，多數的教師（被實驗者）會提出：「我們就此停止」的請求。

直到這邊為止，一切的發展都很合乎常理。不過，如果這時身為被實驗者的教師被命令繼續執行這項行為的話，將會有超過六十五％的教師服從這項命令，繼續執行那冷酷的處罰。

為什麼明知道做這項行為會讓多數人感到痛苦，讓自己的良心受到責備，卻還堅持著繼續做下去呢？多數的被實驗者認為，既然自己已答應參加這項扮演教師的實驗，那麼對自己下達命令的實驗者就是屬於「正當的權威」，所以絕對不可違逆他所說的話——令他們做出殘忍行為的原因，就是這麼簡單。

由此看來，懂得應用這種心理，對操縱人心而言將大有幫助。比方說，如果一名領導者能非常有權威、毅然地向下屬訓斥道：「責任由我來扛，你們只要照我說的去做！」相信即使有些部下認為他的命令有些許的不合理，還是會忠實地照他所說的去做吧！

不過，若想達到一定的效果，平日就得讓你的部屬把你這做上司的當做是「正當有權威的人」才行。

Chapter 6.

「達成欲求」的心理作戰

——施展心理統御術、鼓舞下屬的士氣

不只在軍隊，只要是位居眾人之上的領導者，其被要求的首要條件，就是得具備優於常人一倍的人心掌控術：不但要懂得部屬及兵士的心，鼓舞他們朝共同的目標努力，有時更要有能耐安撫他們，使大家沈靜下來。

二次世界大戰中被驚恐的聯軍取名為「沙漠之狐」的德國將軍隆美爾就是深諳此項人心掌控術的專家。

在北非戰線上，他那足以名留青史的一戰，深受各方的讚賞好評。談及戰略及人員調派，他並無任何特殊高明之處；不過令人驚訝的是，在他麾下的每名士兵都以能與隆美爾一同出生入死為榮，他們甚至意志堅決地認定：「為了隆美爾，要我死也無所謂。」

為什麼隆美爾能夠如此抓牢部屬的心呢？我們不妨舉一個例子。

據說當隆美爾發現某一隊中新兵的人數占多數時，他一定會安排這一隊去打一場有百分百勝算的戰役，讓那些初披掛上陣的菜鳥先體驗到勝利的滋味。換言之，他把比較輕鬆的課題交給「新人」去做，給他們一個非常清楚的目標去達成，並讓他們因而得到喜悅，嚐到成功的滋味，究竟這樣做能夠達到何種心理效果呢？

人類同時持有兩種完全相反的欲求。一種是「衝勁十足，想要達成目

標」的「達成欲求」；另一種則是懷著害怕失敗的不安，因而逃避問題的「迴避失敗欲求」。實驗證明了以下兩點——

一、達成欲求強，迴避失敗欲求弱的人——會比較實際。在做抉擇時，這種人會選擇值得一試，並且不太會失敗的中等困難程度的課題。

二、達成欲求弱，迴避失敗欲求強的人——出乎意料地，真正簡單、容易成功的課題他不要；相反地，這種人傾向於選擇任誰都辦不到的高難度挑戰。

菜鳥占多數的部隊因為缺乏實戰經驗，所以還「不知道要害怕」。因此照理說這個集團的成員其達成欲求強，迴避失敗欲求弱的可能性較高。

像這種部隊他們會希望碰到具有「開戰價值」，同時又兼有「勝算的戰役」。而當他們真的投身至這樣的戰役時，在心理上也會認為打贏的可能性很高。

隆美爾這個人一定是十分了解新兵的這種心態，把他們需求的強弱摸得一清二楚。也因此，他讓部屬們先嚐到勝利和成功的滋味，之後要掌握他們的心理也就易如反掌了。

隆美爾這一套心理戰術，就操縱人心而言，可謂是箇中高手！

Chapter 7.

個性上的缺失，反而贏得人心

──偶爾裝瘋賣傻，藉此軟化別人的心

如果一個人，一個領導者能夠「完美無缺」地建立理想的人際關係，集所有信賴於一身，隨心所欲地操控人心──會這樣想的人應該很多吧！可惜，所謂「完美無缺」的人並不存在。話說回來，就算真有這麼一個人，他是否能自在地操縱對手的心，尚且是個疑問。

沒有失誤、不會失敗、絲毫不鬆懈、言行舉止永遠十全十美的人，確實讓對手的心理產生壓倒性的震撼，不過和這種人在一起，卻也令人感到「呼吸困難」。完美無缺或許令人敬畏，但卻也令人敬而遠之；絕無疏失能取得他人對其工作能力的信任，但卻不表示連帶地別人對其人格，也會抱持著信賴感吧！

相同地，若完全以本來的真面目示人，並不會讓對方感覺親切或放鬆，反而會給對方帶來緊張及困擾，甚至可能被他人認為是「言語刻薄」、「難以親近」的人。像這樣完全不修飾的人，也不容易直接碰觸到人心，取得眾人的信賴。

我要奉勸那些因為能力太好、工作太熱心、做事太努力而不受半調者歡迎的仁兄們，要懂得使用「裝瘋賣傻」的哲學。

有一個實驗，讓被實驗者目睹某個場面，然後再針對被實驗者對主角

人物的觀感做一調查。

這個場面情境如下：不論在誰眼中看來都是超優秀的某號人物，在談某件重要公事時，突然一不小心打翻了咖啡杯，弄髒了自己的衣服……

實驗結果發現：多數的人對這位演出失態舉動的主角人物抱持著相當的好感。平時大家一致公認為優秀、能力強的人，在某個場合突然意外地做出失敗的舉動，或許我們會想：完了，鐵定成為大家的笑柄！

但事實證明所引發的效果完全相反，大家不但不會輕視他，反倒心裡覺得，「原來這個人（跟我一樣）也是個普通人啊！」而因此萌生親切感，引發出人情味。換句話說，失敗是身為普通人類的證明，好印象、好感乃由此而生。

這麼說來，只要擅用這裝瘋賣傻的哲學，就可取得操控人心的先機。

例如：如果上司與部屬間的心理距離過大，做上司的不妨在部屬面前，故意犯一些無關痛癢的小錯；在人際關係上一直居於指導地位的領導者，若能偶爾意外地讓部屬看到自己的失誤，就能一口氣縮短彼此心靈上的距離，讓下屬及對手敞開他們的心胸，進而對你抱持著好感。

其實不用真的去犯錯，坦誠輕鬆地說出自己以前的失敗經驗，也能達到相同的效果。不過有一點請您一定要記住：這種「裝瘋賣傻」哲學要能發揮一定的效用，必須使用的人確實是「人中龍鳳（能力、人望、技術皆超人一等）」才行。

之前講的那個實驗，也曾請大家公認的普通平凡人物來如樣操演一番，結果發現：同樣的失敗情境讓這種人來演，所得到的卻只有負面的效果，他被認定是個「沒用的人」。所以像這類平凡的人最好還是盡可能地避免失敗吧！（話雖如此，但也不要過於勉強。）

事實上，有很多深得眾望，能強烈吸引人心的超魅力人物，在他們的個性上，或多或少都有一部分是脫線、冒失的，不過正也因為如此，使他們具備了無與倫比的魅力及惹人喜歡接近的特質，進而擁有吸引人心的心靈力量。

Chapter 8. 尋求幫助的心理作戰

——讓對方不假思索地產生「我來幫你吧！」的祕密心理操作術

這個事情是發生在二次大戰之後的日本，當時經濟十分蕭條，在這種時局之下，當時讀賣新聞的社長——正力松太郎先生收到了一封和他素未謀面的學生所寄來的信。「我對您十分地尊敬仰慕，如果，我能在您的旗下工作的話，我不需要任何薪資酬勞。」信中如此寫到。

當時，正力先生為這股心意和熱情所束縛，錄用了這位學生。

應該說，這位學生是個了不起的心理智慧型罪犯。換言之，由於受到這位學生「我可以拜託的只有您」如此完全的依賴，正力先生變得無法坐視不管。他被這個情感所牽絆，覺得想要去幫他些什麼。同時這也是因為他的優越感和自尊心正好技巧地被搔到癢處，心中被喚起「能幫這小子的就只有我」的這種感覺的緣故。

援助行動產生的時候，就是只有自己受到託付的時候，就是看到他人對自己懷有善意的時候，就是想去確認自己擁有可以回應託付的豐富情感的時候。比如說像正力先生對一介學生所施與的幫助，就是基於這種心理，而它變成援助行動呈現於表面。

要有效地引出對方的這種援助行動，有兩個要訣——

1・要將求助的對象特定化，以防止責任的轉嫁或分散。也就是說，一旦對方覺得還有某人可以伸出援手，「大概其他人會幫他吧！」他自己就不會有援助行動產生。

2・會讓其他人看到援助行動也頗具效果。根據實驗證明，伸出援手的被實驗者如果是在眾目睽睽的情況之下，因為心中抱持著「不想被別人認為自己是個冷漠無情的人」的這種心態，所以其援助行動也容易變得較為積極。

因此，在拜託他人等場合之中，採取「只有您是我唯一的依靠」的這種態度，讓對方看到你將一切都寄託在他身上的姿態是個重點。這會刺激對方「想要保護他人」的這種心理。

Chapter 9. 從最小的要求做起

——先用簡單的事請求，讓對方無法說出「NO！」

有一位花花公子說，在將女性追到手的過程中——若拿從彼此認識到牽手的這個階段、和從牽手到上床的這個階段來做比較，前者所花費的時間可要比後者所花費的時間長很多。

這位花花公子的話就是在說，人的信賴有全面性的傾向。換言之，雖然在最初之際很難誘使她上鉤，但是如果打開了僵局牽到了小手，那麼接下來「後面的事就好辦了」。

人類具有想要維持自己言行一致的性向。因此，一旦有一次受到邀約「我們去喝杯咖啡好嗎？」並予以應允，在日後被再次邀約一起看電影或一起吃飯，這種程度較深的邀請時，就會變得無法回絕。

換句話說，一旦在最初時請求比較簡單、容易被應允的事，並兩次得到承諾之後，在下次就可以更改為真正的、對對方而言相當困難的要求，並可以讓對方強迫地去接受、答應。

在美國進行過一項十分有趣的實驗，這項實驗在調查當拜託他人的時候，要怎麼做可以讓對方答應的機率升高。

被實驗者受到了下面的請求——

「我們想要拜訪貴宅，對所有家具進行一項調查，在這之間，幾位調查員會打擾一下，將收藏在壁櫥、櫃子裡的家具類物品全數搬到外面來。這項調查預定花費兩個鐘頭的時間。」

換言之，這是一個非常令被實驗者厭煩的事，可能的話，是不會想答應這種自找麻煩的請求。

但是，在這個真正的請求提出之前，實驗者先進行了兩個「小小的請求」，那就是——

1．在提出真正請求的前三天，用電話訪問的方式，詢問了有關家具的問題。

2．同樣是在提出真正請求的前三天，僅僅預先地用電話先招呼一聲：「我們正在進行家具類物品的調查，在這段期間裡請多多指教。」

因為有了這些預先地疏通，當提出真正請求時，答應的機率就有了如下的結果。

1．約53％

2．約28％

由此我們得知，預先執行簡單調查的一方，比僅先通知之一方的答應率要大約高出兩倍之多。附帶說明，在事先沒有做過任何聯繫的情況下，其應允的機率大約為22%。

由這個結果我們也可以知道，在提出真正的困難請求之前，一旦先提出一個比此更為簡單的請求做為佈署，之後的請求就比較容易進行順利。

當向他人拜託一件不是那麼容易得到應允的請求時，如果在一開始先向對方提出那種可以讓他輕鬆應允的請求，而且是和真正請求相關，但困難度不是那麼高的請求，然後再慢慢地「其實……」帶出正題的話，可以說是一個有效的方法。

Chapter 10.

重複洗腦的效應

——一旦再三張昭顯自己、自己的存在就會更為顯眼

愈是頻繁地耳聞目見，親切感也會愈為沸騰、印象也會愈是加深。這個就是「熟悉性的原則」。

應用這種心理原則，張顯自己存在的例子，在電視上的廣告、選舉之際連呼候選人的名字等等都是，他們反覆再三地重複著商品的名稱或自己的名字到那種會令人生厭的地步，藉此讓人們對自己的存在或特徵，產生強烈的印象。

我們對這種反覆再三地疲勞轟炸攻擊感到受不了，但其實這種宣傳效果也同時地在我們的腦海的意識中發酵起來。可以說隨著「反覆再三的呈現」，對方的存在在我們的心中也一點一滴慢慢地「囤積」起來。

由心理學上的實驗我們可以知道，如果是同一個對象的話，如果呈現的次數愈多次，對這個現象的關心和好感也會愈增加。

譬如說，當我們對擺在超市店面中具有相同性能的A、B、C三種商品無法做選擇而猶豫不決之時，我們應該會選擇在廣告或宣傳中出現的熟悉商品，如果都有所了解的話，我們應該會選擇「較為熟悉」的一方。

如此地「熟悉」這種「反覆再三之呈現」的效果，充分地將其利用在思想洗腦、宣傳主義方面的，就是希特勒。他透過所有一切的傳播媒體，

包括書刊、音樂、收音機、電影等等，再三地灌輸德國納粹主義的正當性和權威，成功地將這思想植入幾百萬人民的心中。

在希特勒的著作《我的奮鬥》一書中，有下列這麼一段話——

「宣傳一定要避免抽象的觀念，而應該要訴諸於情感。要不斷地再三重複少數幾組決斷性的文句，絕不可有客觀的成分在內。」

宣傳一定要像緊箍的魔咒一般，一定要說出吸引住人類心理中某一個核心的言詞。

事實上，納粹的標語、口號，有很多都是簡潔明瞭、容易理解的詞句，像是「日耳曼民族最優秀」、「猶太人不可饒恕」等等，藉著反覆地呼喊這些口號，他們成功地將納粹的榮譽感，強烈地刻劃在大眾的心中。

假使你有一個想要說服的對象，最好就不斷地一直向此人傳遞和自己相關的訊息。當對方開始對你或是對你的事情表現出關心、在意的時候，就是你說服他的一個好時機。

Part 6

人心刻印術

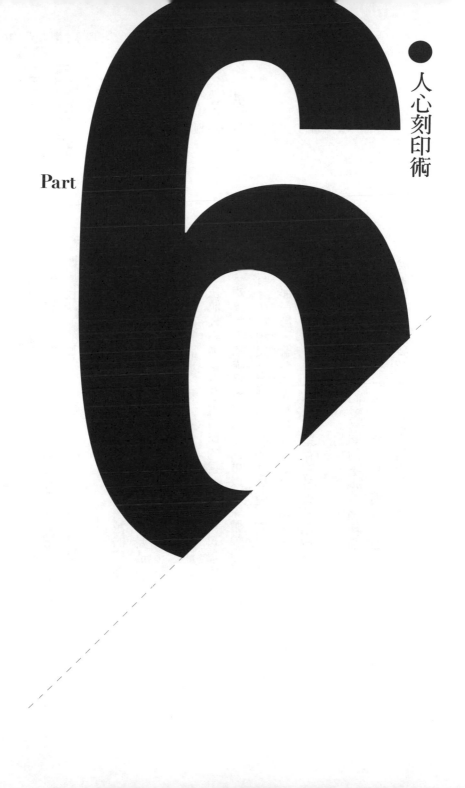

Chapter 1. 與衆不同的新鮮感

——扮演一個「異類的少數」會讓自己在別人心中留下深刻印象

早期的瑪丹娜內衣外穿，坦胸擺臀走紅歌壇，近期的女神卡卡更是大膽把生牛肉都穿上身了，姑且不論這種作風的對錯，但留給人深刻印象是毋庸置疑的！

為了要讓自己在他人心中殘留著永不磨滅的印象，換言之，為了要讓他人一直不會忘記自己的存在，首先自己一定要是個具有魅力的人，從樣貌到性格，一定要讓對方「記住」。

就這個目的而言，和人不一樣的打扮，引人注目的言行，偶爾地嘩眾取寵，在他人心中留下強烈衝擊的這些表現，可以說是最簡單省事的宣傳方法（如政治人物講錯一句話，就可以讓媒體炒作好一陣子）。

有一次在和課堂討論的學生們閒聊時，有一位學生說到在他小的時候看過一部電影，雖然標題和情節已經記不得了，但他唯獨對一位參與演出的演員深刻印象，一直以來都還存在於他的記憶之中，他在後來才知道這位演員的名字叫做尤伯連納。

令這位學生小時候記憶鮮明的不是這個演員的演技，或是他的角色，而是他那個剃得精光的頭。這種「非常相貌」顯著地烙印在他的腦海裡，這就記憶的二度確認來說，當然會有效果產生。

簡而言之，通常人都會把「異於平常」、「特別顯眼」的這些情況，和「給人印象深刻」的情況聯想在一起。

和記憶一再確認相關的，是叫做「重疊」及「孤立」的二個原則。所謂的重疊是彼此非常近似的相等性質項目，而孤立則是屬於少數的性質相異項目。

換個簡單的方式說，重疊和孤立就如同加深了的粗體字一般，一旦在普通的鉛字之中混入幾個粗體的鉛字，這些粗體的鉛字會特別地凸顯，會讓人記得特別清楚。這是因為凸出醒目的是性質相異的少數派。如果換成全體都是粗體鉛字，而僅有一部分是細體鉛字的話，「孤立」醒目的就會是細體字。

美國的女星伊莉莎白・泰勒曾經有一次於參加電影影展的晚宴會時，在遲到了四十分鐘之久後才身著火紅禮服出現。雖然她的遲到被人認為是她要凸顯自己、吸引眾人目光的一種演出，但如果真是如此的話，她這種嘩眾取寵可以說也確實達到了目的。因為就在她姍姍來遲之後入座的倩影，在影視週刊上報導刊載出來的同時，她的存在，她一如往昔的美麗，也彰顯於世人眼中。

為了要在第一次見面時就給對方一個深刻的印象，把自己的存在烙印在對方心上，我有時也會採取應用讓自己之成為「異類的少數派」的這種「孤立」效果的手段。

不過一般人的做法，應該是在含蓄中帶點花俏吧，如在深色的西裝中，加入一件色彩鮮豔的襯衫或領帶，就可產生強烈的視覺效果，達到彰顯自己的目的了。畢竟一般人是一般人，與舞台上的人物並不能同日而語或相提並論！否則可能會產生像個小丑般的負面效果！

Chapter 2.

掌握氣氛的奧妙

——炒熱氣氛，讓全體成為夥伴的戰略

在大型選舉將近之時，所進行的民調雖然是預測選票方向、選票結果的調查，但有些時候這個事前的調查，會大大地影響真正的選舉結果。

這種情況可以用心理學上所謂的「bandwagon appeal」（先鋒樂隊之號召導引）現象來做說明。Bandwagon是在祭典中由遊行隊伍派出的樂隊車，一旦這個滿載著笛聲、鼓聲的隊伍行近之時，跳舞的歡呼聲以及眼前的景象也會使得人心興致勃勃、蠢蠢欲動，之前一直抱持著冷靜心情的人也會為之鼓舞起來，一口氣就將祭典的氣氛提高。

那種少了他就會席上空寂、鴉雀無聲，少了他宴會就熱鬧不起來的人，不論是怎樣的團體中也都只有一個。換個方式說，如果這個人在場的話，全場的氣氛就會進入高潮，快樂不斷。這類的人擁有著出色的號召導引能力，可以說他是個帶給人心強烈衝擊的人物。

在會議進行中，當議長以「我個人對此提議投贊成票，請問各位對這項提議贊成嗎？」的方式來估量表決結果之時，會有一部分的人應和這個聲音，大聲地拍手說出「贊成！」或是「沒有異議！」等等。如此一來，眾人就會受此影響，拍手聲就會此起彼落地喧騰起來，舉手贊成，這也是一種號召導引現象。

如果用選舉來說的話，藉由情緒的營造，會使游移的選票倒向一方。

也有一些智者，利用號召導引的效果，把會議中的決議事項或是團體的決定往自己意圖的方向導引。也就是說，在會議或討論進行之前，預先與心腹的部下或贊同自己的人聯繫疏通，事先拜託他們在自己敘述完自己意見的時候，抓住最佳時機表示贊同或是舉手、鼓掌。他們這些人做先鋒來號召引導眾人，如此議事進行的主導權或決議的行進方向，當然就手到擒來了。

因為我們都有特別重視「人和」的強烈傾向，所以有很多人不會明顯清楚地表態贊成、反對，而會在迷惘的同時預先觀望一下周遭的情勢。這個時候，一旦有誰身先士卒地舉手、鼓掌，很有可能就會讓這些人「這樣啊！那我也……」如此地採取相同的舉動。如果這個最初的「身先士卒者」是你暗中指派的「樁腳」的話……

Chapter 3.

用別人的高度來思考

——有時站在他人的立場、設身處地地了解對方的痛苦

人在想要讓他人了解自己的痛苦或困難等等的狀況之時，常常會用到這句話「請設身處地站在我的立場為我想想」。

然而，所謂的人類雖然有同情心，但要站在他人的立場想，實在是非常困難的事。如果他人的苦痛與困難是自己從未經歷過的，那自己就真的不了解。上司的煩惱，下屬的不滿等等，如果自己沒有實際地置身在該立場，就無法完全地了解這些感受。

不過，現在我們可以藉由「虛擬實境」來達到和真實體驗相同的效果，可以藉此得到「近似的體驗」。

有一個在美國進行的實驗是這樣子的：他們請一些有嚴重煙癮的女大學生扮演著「因吸煙而罹患疾病的病患」角色，並讓她們接受扮演「醫生」角色之實驗者的診察。

「醫生」對「病人」告知由X光檢查發現她罹患了肺癌的這個結果，並和她談論些會因為手術所帶來的痛苦，以及手術後的處理等情況。換言之，這個實驗是藉由女大學生進行癌症病患的角色扮演，來讓她虛擬實境地經歷罹患癌症的恐怖體驗。

據了解，在經歷了這項實驗之後，由調查結果得知幾乎全部接受實驗

的女大學生都在實驗結束後馬上戒煙，或者節制吸煙的數量。這種情形在過了一年半之後所做的追蹤調查中也是維持不變。這個情形，被認為是因為在扮演癌症病患的過程中認識到了癌症帶來的危害，所以才會讓這些女大學生有此改變。

像這樣扮演某一特定角色的情況，我們稱之為「角色扮演」。藉由扮演某一角色人物的行為也可以使自己能夠了解該人物的立場、想法，以及痛苦、喜悅等感情。

在心理學的領域裡，角色扮演被當成是一種集體治療的方法來使用。比方說，上司和部屬的身分對調，換言之，由上司扮演部屬，由部屬扮演上司，然後試著就現實中發生的話題或是問題進行討論。藉由這種做法，對方的觀點、立場或是意見等等就會好像是「自己的」的觀點、立場或是意見一樣，彼此也就會更能相互理解。

有時候，你也試著代理部下或是同事的工作吧！說不定你就可以因此看到他的不滿、煩惱，大概沒有什麼會比你這種角色扮演的行為，更能真實地體會他的苦處，更能讓自己在他心中烙下深刻的印象吧！

Chapter 4.

讓人進退兩難的心理作戰

——為了讓對方對自己印象深刻，
就用前後矛盾的訊息來造成他的混亂吧

一旦說出的內容和說話時的語調、表情，以及身體姿勢不一致，如此反覆再三地持續傳達這種相互矛盾的訊息給對方，接受這些訊息的人其心理會產生強烈的不安，並且陷入混亂的狀態中。

美國的人類學家貝特森用進退兩難政策為這種心理的結構，做了下面的說明：

比如說，一個母親像戴著面具般面無表情地，或者好像在生氣似地向著孩子說道：「好可愛的小孩唷；來！請過來這邊！」另外，相反地用親切和藹的表情說道：「真是調皮的壞小孩，到這兒來！」

這種情況，就前者來說的話，它把「請過來這邊」這種透露著愛意的訊息，和面無表情這種拒絕的訊息，這二種相互矛盾的情報同時地編排組合在一起，這會讓孩子苦於去判斷是要親近母親好、還是該遠離母親，會使他陷入怎麼做都不是的心理糾結中。

至於後者，小孩都會毫不猶豫的跑過去，因為他看到的是那張親切的臉，而沒聽清楚說話的內容。

一旦再三地被置身於這種進退兩難的狀態之下，據說人會因此對人際關係產生不信賴感，並且會造成嚴重的自我障礙。

假設當你在工作上犯了一些錯誤而將這個錯誤向上司報告的時候，如果上司一面嘴巴上說著「沒有關係啦！」一面擺出一副嚴肅表情的話，你大概會很難猜測出上司的真正想法吧！

說不定你心裡會這麼想：「像這樣為判斷他是在生氣、還是沒有生氣而苦惱，倒不如他的言語和他的表情一致，不分青紅皂白地大聲怒罵自己一場要好。」

在日常生活中與人來往的時候，原則上最好避免讓對方置身於這種進退兩難、無所適從的狀態下。因為一般人認為「容易讓人捉摸的人、喜怒哀樂形於色的人」，也就是不會傳達出矛盾情報的人，可以讓人信賴、安心地與之交往，而這種人的人際關係，也會發展地較為順暢。

但是在商業的場合等等的情況下，說不定刻意地安排這種進退兩難、無所適從的狀態，讓對方產生不安和緊張的感覺，以掌握業務的主導權的這種技巧，是必須要具備的一項。

譬如說，當你想讓對方以為自己想要放棄而使交涉的情況能有利於自己的發展時，就採取下面這個策略：一面迅速地向對方傳達拒絕的訊息「那麼，條件既然談不攏，我們也只好放棄了！」一面臉上顯露出和顏悅色的笑容。

或者，在要求工作上的索賠之時，笑著臉說著痛苦的事。另外，「可以吧！那麼就這麼說定了！」如此愛理不理地信口決定。

這樣做，說不定就會讓對方陷入進退兩難、無所適從的困境，讓他產生不安的感覺，讓他因為這種不安而說出了不該說的話，進而達到讓他提出對自己有利之條件的效果。

處於被矛盾訊息兩面夾攻之困境的對手會發生混亂、會變得對自己的判斷力失去自信，會變得把事情的發展步調，把主動權交由你來管理。

想要任意地左右對方，有一個方法就是讓對方陷入進退兩難、無所適從的狀態之下，然後藉此吸引對方的關注，同時也讓他無法抽身。

Chapter 5.

聲調的說服力

——放低聲調、通順流暢，
男中音的聲調是最能說服他人的聲調

雖然近來歌壇上有多年輕的美眉，歌聲不怎麼樣，卻靠著波濤洶湧以及露出修長的大腿而走紅，不過往往曇花一現！而像蔡琴這種包得緊緊的，卻有一副低沉磁性歌喉，不必扭臀賣弄大胸部，卻依舊是舞台上的「東方不敗」！

美國的心理學者梅拉比安針對聽者判斷說話者是怎樣一個人的情況，將臉部、說話內容，以及聲調造成的效果數字化如下：

接收到的態度＝說話內容×0.07＋聲音×0.38＋臉部×0.55

換言之，說話者給人的印象最容易受臉部左右（也就是視覺印象），再來是容易被聲音所影響，其次是說話內容。臉部是判斷說話者的一個重要根據這是我們一向知道的，但聲音的語調也比話的內容更被重視，說不定有人會稍稍感到意外。

根據研究聲音的報告指出，和高的音調比較起來，低音更能強烈地給他人「優雅精鍊、具有魅力、性感、有男子氣概，令人安心、處事積極」的這些印象。

另外，雖說聲音和性格沒有絕對地關連，但據說聲音「渾厚、低沈、響亮」的人個性都較外向、領導能力強、說服力也較高。個性外向、領導能力卓越被認為是政治家不可欠缺的本質條件。

在談生意的交涉場面或是會議進行之中，當你想要說服對手，想要推銷自己、想要吸引眾人注意的時候，盡量地放低聲調，大聲地抑揚頓挫地說話，就會有正面的效果產生。

不過最重要的一點就是，縱使你如何地注意聲調高低和語調，再怎樣地說著講究的話語，如果這其中讓人感覺不到熱心和誠意的話，也不會讓對方對你產生好印象，也是沒有說服力。要注意千萬不要因為太過於在意聲調或內容，而忘記了真誠和心意。

千萬不可以忘記如果真心誠意的話，意念自然而然就會相通。

Chapter 6. 高大形象的心理作戰

——充份地活用「外表的優勢」來增強對方的心理衝擊

獨裁者希特勒和史達林出乎意外地，都是體型矮小的男子。他們因為體型上的自卑感，而任意地擴大、加強在權力方面的志向。

為了不讓自己被人小看，受人看輕，他們特意地讓自己看起來更大（特別是心理方面）。用心理上的優越——比如說權力——來解除身體方面自卑感的心情會變得十分強烈。

那麼，「個頭高大」在心理方面而言，真的是有利的嗎？

在美國有一位心理學者曾經調查過——身體的魅力會對個人評價造成怎樣的影響。

根據這項調查的結果，在匹茲堡大學的畢業生之中，身高一八五～一九〇公分的畢業生所得到的第一份待遇，要比身高一八〇公分以下的畢業生平均高出12.4％。這是因為人事主管在進行面試的時候，對身材高大的這一方下了優秀的判斷。

此外，從一個利用履歷表、應徵信函為根據來選擇用人的實驗中我們知道，當要在兩個能力幾乎相等的應徵者之中做一選擇的時候，被錄用的人，幾乎都是身材較高的一方。

再者還有一個有趣的實驗結果：同樣的一個人，實驗者以學生、大學講師、醫生、教授等等各種不同的身分來介紹他，之後再詢問被介紹者對此人的印象，結果介紹的社會地位愈高，被介紹者對此人身高的印象也會愈高。

由這些例子就可以明顯地得知，身高可以左右個人的評價以及給人的印象。當然，身材高大的人並不是就真的能力也會較高，但人在心理上很容易會下這樣的判定。這大概是因為身材高大的人給人一種壓迫的感覺，人會因為「光環效果」而產生出心理上的偏見的緣故吧！

話雖如此，身材的高矮也不是如今可以改變的。不過，如果你實際上真是一個高個子的人，那你就可以利用這種「心理錯覺」，讓對方對自己的存在產生更為鮮明、更加深刻的印象。

相反地，我們可以說身材不高的人，藉著提高自己本身之存在感（地位或實力）的行為，也有可能讓自己在他人的印象中比實際「看起來要更高大」——矮個子的男人配一個高挑的美女，情況大約是這樣吧！

Chapter 7.

電話溝通有不可思議的效果

——藉由「冷靜沈著」的電話，來追擊你在對方心中的印象

如果說直接面對面相互交談是「熱烈的」傳達方式，那麼看不見彼此肢體動作，只有聲音相互交流的電話對談，大概就可以說是「冷靜沈著」的溝通方式吧！

有很多的人深信當要給與對方強烈印象，要成功地說服對方的時候，「直接面對面互相交談是最有效果的方法」。然而用冷靜的媒介物——電話來相互交流，其實也會得到熱烈的心理效果。

曾經有一項實驗如下：在一個兩人持有對立意見，為了要使「意見方向一致」而進行議論的情況之下，針對討論方法不同，「談話的進展方向」會有如何的變化這主題來進行調查研究。

議論的方法有三種——

一、兩人直接面對面交談

二、視訊電話交談

三、一般電話交談

結果，兩人意見改變的比例，也就是兩人意見變得步調一致的情形，以用電話交談的比例為最高；而直接面對面交談的比例最低；而用附有螢幕的視訊電話交談，也就是有聲音和影像的這種方法，則是居於兩者中

間。此外，在詢問對對方的印象時，用電話交談的這個方式，得到了對方「對他有好感」、「誠實」、「有理智」、「值得信賴」等正面評價。

由這個實驗我們知道，當雙方互持對立意見而想要達成協議之時，或是當在進行就人際關係緊張度較高的任務之時，和直接會面比較起來，可能利用電話或文書等等間接的溝通方式，所得到的效果會更好。

用電話溝通，因為接收不到對方的面部表情、肢體動作等變化的「言語之外的情報」，也就是視覺方面的印象、情報，所以對方的談話內容會純粹地傳達給自己。因此，自己對問題本身的注意力就會更為集中，也就能夠冷靜、客觀地判斷對方的論點。

此外，在面對面直接談過之後，更進一步地打通電話就剛剛地談話內容加以追攻，「雖然才剛見過面，但……」如此地修正意見，會產生意想不到的效果。換言之，一旦擱置一段時間再就印象或意見加以「追擊」，或者將之修正、逆轉，會得到全體印象更加深一層的結果。

被已故的松下幸之助先生稱做是「山下跳」，並受到特例提拔而成為原先松下電器負責人的山下俊彥先生，在年輕的時候曾經有一次因為工作上的事被松下先生叱責，而抱著心煩氣躁的心情回到家中，到家後過了不久，松下先生就打來了一通電話。

「不好意思，剛剛有些過分。在這種情況下，因為上了年紀的關係會比較容易生氣啦！」松下先生在這些開場白之後，再對他叱責山下先生的原因加以說明，在最後又加上一句「這件事我不予以懲戒，只希望你今後更加地努力！」然後掛上電話。

山下先生當時聽了是多麼的感動啊！這是一段令他感動得要熱淚盈眶的小插曲。同樣的情況如果是在隔天面對面直接進行的話，應該就不會有這麼好的效果才對，反過來說，就是因為電話本身是個冷靜的溝通媒介，所以才能充裕的讓山下先生的心得到熱切地調養、將息，並且因此而受到了撼動。

像這樣藉由使用電話，擱置一段時間後用聲音來加深記憶的昭示行為，應該會使你在對方心中產生「印刻效果」才是。冷靜的交流工具隨著使用的場合不同，對熱切的心理戰術而言也會有大效果產生。

Chapter 8. 掌握現場的心理作戰

——馬上立即地滔滔不絕、必全能取得主導權

有位古希臘哲學家曾說：「神賜與人類一個舌頭兩隻耳朵，就是為了要人聽的行為比說的行為多一倍。」

人往往沈醉於自己的談話之中，而對他人說的話恍若無聞。就集體圍在一起討論的場合，就在與人交往的重要事項而言，就給與人深刻印象，受他人喜愛這方面來說，說不定一個傾聽高手更甚於一個談話高手。

但是隨著場合的不同，有時候也會發生如果不成為一個擅長說話、喋喋不休的人，就無法吸引他人的這種情形。

譬如說，當在會議中或是團體討論的時候，那個總是引發話題，就整體而言經常發話的人，很容易會在該場合裡居於領導者的地位。這種情形，大概讀者們也從經驗中有所知悉吧！

這其中，也有些人會因為害怕自己被推捧為團體的代表或領導者而控制自己的發言。在社區的管委會開會等場合之中，這種情景不是經常可以看得到嗎？

這種情形反過來講，如果你想要成為集團的領導者，想要掌握現場的主導權，想要讓自己在他人心中留下強烈印象的話，只要搶先發言，發言的次數比其他人更多，就可以達成目的。

由心理學裡的實驗我們也可以得知，在團體討論時最常發言的人，被選為領導的機率最大，而且，最多話的人很容易被人看做是一個適合領導者角色的人物。

但是，另一方面也有一個經過證實的事實，那就是被人評價為最受歡迎的人物，通常都會是那個說話量中等程度的人。

也有一個實驗是這樣的：在男女一起交談的情況下，當一方說話份量占全體的80％、50％、20％的時候，聽的人各會對此人抱持怎樣的印象。

結果得知，眾人對說話量占全體之80％的男性或女性，都給與「和藹的」、「友善的」、「善於社交的」、「有智慧的」等等正面評價。

相反地，對於說話量僅占全體之20％的男女，眾人多給與「冷淡」、「不友善的」、「個性內向」、「沒有智慧」的評價。

不過，說話量占全體80％的男性，除了前述的評價之外，也受到「不體貼別人」、「欠缺思慮」的評價。

換言之，滔滔不絕的行為雖然給他人善於社交、有智慧的感覺，但同時也難保不會給人對他人心理、現場氣氛之觀察力遲鈍，或是「言語輕浮」這些負面印象。

因此，如果想成為現場的領導者，想要在集團中居於領導地位的話，不是只要頻頻發言，滔滔不絕就好。更需要積極地發表有內容的言論，除此之外，仔細地觀察周遭情況進行發言，這些都是必須要做的。

總之，在談話的時候有效地應用說話的緩急效果，為他人做分析，以及在第二章提及的沈默、點頭認同、姿勢回向等技巧，是成為一個說話高手、傾聽高手的重要訣竅。

Chapter 9.

身先士卒的效應

──首先自己先做給他人看
──用這種身先士卒的行為讓部下跟從

身為領導者、具有說服力的人物，到底是怎樣的一個人呢？「那個人值得跟從、是個值得尊敬的人物」──就這種大大地受人歡迎的人物而言，其必須具備的條件到底是什麼呢？

知識、人格、見識、統御能力、指導能力……雖然有各式各樣的必要條件，但其中最為重要的，大概就是「親身做給他人看」的這種「身先士卒，以身做則」的精神吧！

被稱為出色之領導者的人，都會站在最前線，對艱難的事全力以赴。而且，多數都是屬於那種默默實行的類型。

我想這些人都十分了解部下在觀察領導者這些行為、模仿這些行動的同時，會自然而然地採取相同行動的這個道理。

以培養美國戰略空軍部隊而聞名於世的路梅將軍，在太平洋戰爭時期指揮B29爆擊機部隊的當時，發生了下面的一段小插曲。路梅在擔任出擊任務的時候，戰機內所有像戰機槍這類的重物都被卸下來，取而代之的是裝滿著爆破炸彈。

然而，由於機體的重量不足，第一架飛機、第二架飛機都起飛失敗。見到這種情形的第三架飛機的駕駛員，心中充滿了恐懼，拒絕起飛的命令。這時，路梅勇敢地走向第三架飛機，把駕駛員拖下來，親自坐上駕駛座，握著操縱桿，漂亮地起飛成功。

有路梅的率先示範做為楷模，部下們當然因而大大地振奮了起來，這種心理的架構，我們可以用「觀察學習理論」（modeling）來做說明。人隨著觀察他人行為、模仿，參考這些行為的舉動，而養成新的行為模式。

而成為這種觀察學習之對象的人類，換言之其行為變成範例的人，就是標準範本。有很多被當做範本的人身邊都會有人挨近。

離部下最近的人是上司。上司最好能夠以真誠的態度接近部下，一旦有事發生的時候，最好能夠即使有危險也奮不顧身地親歷其境處理，以身做則、向部下示範。如此一來，在讓部下覺得「他做得到那我也可以」、「不能只讓他一個人做到」，將尊敬都集中在你身上的同時，應該也能讓自己的領導能力在他人心中留下深刻的印象。

Chapter 10.

光環效果的心理攻勢

——借助大人物的「狐假虎威」效果
讓自己看起來也比實際大些

在美國曾經進行過下面這一個心理實驗。

實驗者製造出一個狀況——在交叉路口上，被實驗者前面的車子即使號誌燈已經變綠，但它就是不前進。這時，如果阻擋在眼前的車子是嶄新的高級汽車時，後面的車子就鮮少會鳴按喇叭。

這種情形，在心理學的領域中被稱做「光環效果」（halo effect）。

在聖像或佛像中，都可以看見祂們的背後都有光環做襯托。一般人認為莊嚴、尊貴的宗教效果可以藉由「光環的普照」更為增強。另外，太陽和月亮會因為周圍的日暈或月暉看起來來更大。

一旦某人有顯眼醒目的特徵（比如身體的魅力、地位、學歷、人脈等等），這些特徵會變成光環，讓此人得到包括其特性在內的全面性正面（或是負面）評價，這個就是「光環效果」。

譬如說，容貌姣好的人會被看做是個有智慧的人，會被以為擁有令人憧憬的性格，而溫馴的孩子看起來比較聰明，會有這種現象。

會產生這種判斷上的「偏差」，是因為看法被一個特徵拉著走，因而連那些原本和此不相干的其他特性也都給與肯定（或者否定）評價的緣故。換言之，這是因為眼睛被一道光芒迷眩，導致判斷模糊不清。

有各式各樣的人在各類的場合中利用、或是濫用這種「光環效果」。

另外，也有一些智慧型的罪犯，偽造和政府首長合影的照片，以此來強調自己和政府首長的「密切關係」，偽裝出自己的權威和可信度，而進行詐欺的行為。

這些都是利用大人物做為光環，讓自己的存在或能力看起來更大，給人深刻印象的例子。當然，並非都是不正當濫用的例子。

在說服他人或是拜託他人的時候，一旦有意無意地說出知名度高的人，或是值得信賴的人的名字，或讓他們居中調解的話，成功的機率就會驟然提高。為了要收攬人心，給他人深刻印象，有時候借助「老虎的威風」而狐假虎威，也是效果不錯的一個好方法。